琉球王国の成立と展開

よくわかる沖縄の歴史

来間泰男

日本経済評論社

はじめに

「よくわかる沖縄の歴史」と名づけたのは、高校生でも読めるように、できるだけ分かりやすく書いたからである。語句の説明も入れた。ふり仮名（ルビ）も多くした。

この歴史はまた、「新しい沖縄の歴史」でもある。これまでの歴史が、いわば「政治史」だったことへの反省に立っていることである。実際に社会を変化させていったのは、人びとの生活のあり方、その中で出てくる変化・発展であった。「経済史」が必要なのである。歴史をすべて経済史として扱うつもりはないが、経済の変化によって歴史が動いていく、そのような「歴史を動かす力」を見ないで歴史を語ることは、大きな間違いである。ここで「経済」といっていることは、モノの生産・流通・消費を柱としているが、たとえばそのうちの「流通」は、沖縄と日本との流通だけでなく、周辺諸国との流通、すなわち「交易」を含む。そのあり方と変化が、社会全体のあり方を変化させていったのである。

この「よくわかる沖縄の歴史」は、皆さんにとって、「へっ」、「何っ」ということが、いくつも出てくることと思われる。しかし、私は「奇《き》を衒《てら》う」（わざと変わったことを書いて見せる）つもりは、まったくない。ただ、真実（それに近いこと）を伝えようとしているだけである。私は、先行する研究者の議論に耳を傾け、史料に当たり、そのうえで行き着いたことを、皆さんに提示するのである。けっして私の独走ではない。

実は、私は「沖縄史を読み解く」というシリーズ、五巻（九冊）の本を出した（日本経済評論社、二〇一〇～一六年）。しかし、それは膨大なものになってしまった。そこで、その中から本質的なことを選び出し、その要約版にしようと考えた。ただ、このシリーズは一六世紀、薩摩の琉球侵略までで終わっている。

そこで今回は、この一冊だけでなく、三冊ないし四冊ほどのシリーズとして、それぞれ一〇話ずつとし、琉球近世、沖縄近代と書き進めて、現代につなげていきたいと念じている。

私の「歴史」は、沖縄をそれ自体として孤立させて描くのではなく、必要な個所で日本史の流れや動きと重ねつつ、あるいは対比しつつ、描くものである。近世－近代－現代と書き進めていくことは、琉球／沖縄と、日本が、しだいに、相互に近づいていくということになる。

その第1巻としての本書は、一六世紀までを扱うもので、まだまだその相互の距離が隔たっている時代である。文字どおり国と国の関係であった時代である。しかし、関わり合いながら、歴史は流れていた。そのあたりを読みとっていただきたい。

目次

はじめに

第1話　農耕はいつ始まったか……1
ヤコウガイ・カムィ焼・滑石製石鍋 1　日宋貿易の時代 4　農耕の始まり 6　稲作の起源・伝来 9　稲作は社会の激変を呼ばない 12

第2話　グスクは戦いの砦か……17
「グシク＝城砦」論をめぐって 17　グスクの「発展」はあったか 20　グスクは「軍事施設」か 22　グスクは進化していったか 26　まだ「農耕社会」でないのに 29　自然の地形に沿って建造されたグスク 32　補遺 35

第3話　按司は武士なのか……37
問題の所在 37　ぶし・サムレー・士族 39　日本史における武士の誕生以前 41　「イエ」の成立 44　武士誕生につながる戦乱 46　武士の世になる 48　按司とは何か 51　沖縄に武士なし 52
第4話　琉球王国はなぜできたか……57
最初の人物・察度（王）58　明の建国と海禁政策 60　明から日本への働きかけ 63　琉球王国の成立 65　琉球王国成立についての諸説 67　察度の朝貢 71　行政組織を作り始める琉球王国 72
第5話　三山は武力で統一されたか……77
三山の分立と「抗争」77　三山は「抗争」していたというが 80　「抗争」への疑問 83　信用できない「統一戦争」の記述 88
第6話　阿麻和利の乱はあったか……95
未熟な政権＝第一尚氏 95　志魯・布里の乱 98　阿摩和利の乱 102　伊波説への疑問 107　伊波を受けつぐ高良倉吉 108　沖縄史

に戦争はない 110

第7話 「大交易時代」はあったか……113
「大交易時代」の命名者―高良倉吉 113　高良の先行者―小葉田淳・安里延 115　近年の研究者 118　中継貿易 122　琉球優遇政策 126　琉球優遇政策の転換 128　「大交易時代」成立の条件―高良倉吉 131

第8話 尚真の世は「黄金時代」か……137
第二尚氏政権成立と「革命」説 137　武器は放棄されたか 144　按司は首里に集められたか 146　「原始」段階の八重山 147　行政機構・地方制度の整備 150　オヤケアカハチの乱の鎮定 152　漂流朝鮮人、尚真に出あう 153　尚真の治世の評価をめぐって 155　首里・那覇と農村の格差 156

第9話 琉球中世に租税はあったか……159
琉球古代の「租税」159　「おもろさうし」と「租税」161　尚真と「租税」166　「租税なし」論 168　安良城盛昭の租税論 169　一七世紀の入り口前後での租税 171　豊見山和行の「年貢／捧げ物」論 173　まとめ 175　なぜ一六世紀まで租税がなかったのか 177

第10話　日本と琉球の社会、どう違うか……181

一五世紀半ばまでの琉球と日本　181　沖縄語の歴史的あゆみ　184
中世日本と琉球をつなぐ禅僧　186　室町時代の日本社会　191　戦
国時代、そして琉球／沖縄　192　地域国家の誕生と琉球王国　198
日本と沖縄の差異　200

おわりに　203

第1話
農耕はいつ始まったか

沖縄考古学は、「縄文時代」（貝塚時代ともいう）のあとを「弥生～平安並行時代」としていて、「弥生時代」を設定していない。弥生時代は農耕が始まった時代であるから、平安時代（九～一二世紀）に相当するころまで、農耕はなかったということである。では、琉球列島で農耕が始まったのはいつのことだろうか。

ヤコウガイ・カムィ焼・滑石製石鍋

九世紀の手前（七九四年）から、日本は平安時代に入った。

この時代は、日本列島の側からヤコウガイ（夜光貝）の需要が起こり、奄美《あまみ》諸島と沖縄諸島がその供給地となった。ヤコウガイから貝匙《かいさじ》が作られた。また、その真珠《しんじゅ》のように輝く部分が剥《は》ぎ取られて、木地《きじ》などに漆《うるし》で張り付けられる。螺鈿《らでん》である。

奄美や沖縄から届けられたヤコウガイのほとんどは「半加工品」だったが、やや加工度の高いものもあった。その代替品《だいたいひん》として、土器も鉄器も、またさまざまな技術も伝来してきただろうが、社会の変化はゆるやかだった。

九世紀に、喜界島《きかいじま》（奄美大島の北東の島）に「城久《ぐすく》遺跡群」が現われる。遺跡の中心時期はほぼ一一〜一二世紀前後、すなわち平安時代後期とされ、一五世紀まで続いていたようである。この遺跡群は、全体で一三万平方メートルを超えるという大規模なものである。そこからは、掘立柱《ほったてばしら》建物群など、多くの遺構・遺物が出てきた。この時代の南西諸島では他に類を見ない大規模な集落跡である。出土物《しゅつどぶつ》は、中国大陸・朝鮮半島・九州島の産物など、ほとんど喜界島の外のものである。したがって、外からの力がここに及んでいたのであり、在地の社会とは大きく異なる人びとが住んでいたのである。

さらに一一〜一三世紀になると、奄美諸島の徳之島《とくのしま》に「カムィヤキ古窯《こよう》群」が現われる。一九八四（昭和五九）年に、「カムィヤキ＝カムィ焼＝亀焼」の窯跡《かまあと》が大量に発見された。そこでは、七つの支群、一〇〇基を超える窯が操業していたことが分かった。焼物そのものは以前から知られていたもので、須恵器《すえき》に似たものという意味で「類須恵器《るいすえき》」といわれていた。しかし、ここにきて産地が明確になったため、新しい名称が使われるようになってきたのである。カムィ焼は、三一種類にものぼる多様な壺類で、朝鮮半島（高麗《こうらい》）から伝わった陶芸技法を基本にしている。高麗系の、波状の文様《もんよう》が施《ほどこ》されている。また、窯の構造は九州南部と共通している。

カムィ焼は、一一～一三世紀に、北は九州の薩摩半島、南は八重山《やえやま》諸島に至るまで流通していた。出土遺跡地は、薩摩半島、トカラ列島、奄美諸島、沖縄北部の島々、沖縄島（一九八か所）、周辺離島、久米島《くめじま》、宮古《みやこ》諸島、八重山諸島となっている。このことは、次のことを示している。第一に、それまで文化的に交流のなかった沖縄本島以北と先島《さきしま》諸島（宮古諸島・八重山諸島）が関連づけられ、一つの文化圏に統合された。第二に、南西諸島（奄美諸島から八重山諸島まで）が、一方で日本列島における物流《ぶつりゅう》のネットワークにつながり、他方でアジアの海洋国家の枠組みに組み込まれた。

一一世紀後半から一二世紀の前半ごろ、滑石製石鍋《かっせきせいいしなべ》が沖縄諸島や先島諸島にも伝わってきた。「滑石」は、軟らかくて蝋《ろう》のような感触があり、白色や緑色などを帯びている。この滑石をくりぬいて鍋を作った。生産地は長崎県の西彼杵《にしそのぎ》半島一帯である。それを求めたのは、主に博多《はかた》に住んでいた中国（宋《そう》）の商人たちだろうと推定されている。

初期の石鍋は、奄美諸島・沖縄諸島・先島諸島からも出土する。そのころのこの地域は、縄文時代からの脱出過程にあった。沖縄諸島・先島諸島は、奄美諸島（喜界島、奄美大島、徳之島など）を介して博多につながり、そこから畿内・高麗《こうらい》・宋《そう》へとつながっていたということだろう。流通を担ったのは、博多を拠点にした商人だといわれている。

日宋貿易の時代

カムィ焼の窯《がま》を開いた人びとは、南九州の勢力であったと考えられている。滑石製石鍋や鉄器の生産地を支配していたのは「肥前平氏《ひぜんへいし》」で、かれらが「薩摩平氏」とも提携して、物流のネットワークを形成し、その中に「海民集団」を繰り込んでいる、という考え方もある。カムィ焼も石鍋も、沖縄諸島にも先島諸島にも伝わった。かれらとの協力関係をもつ者たちが地元にもあったことになる。

一一〜一二世紀は、日本から見れば「日宋《にっそう》貿易の時代」だった。それはもちろん、宋―東南アジア、宋―高麗の貿易と関わっている。それぞれ国家の管理はまだ厳格でなく、商人の自由度が高い時代であった。この海商たち（宋海商）の活動が、東アジア世界を変化させていくのである。

日本での拠点となる貿易港は博多だった。宋海商は日本だけでなく、各地に居住して、それぞれの国・地域と宋との貿易に関わっていた。博多に「唐坊《とうぼう》」が成立するのは、東アジア・東南アジアにおける「住蕃《じゅうばん》」の開始と同じころであるし、共通した動きとして理解すべきであろう。「住蕃」の「蕃」は外国（人）のこと、かれらが住みついているのである。

博多以外にも、唐坊（唐房《とうぼう》）という地名が、九州の各地にあった。これは、宋海商の居留地であり、日宋貿易の拠点だった。「唐」は中国、異国のこと、「坊」は町・市のこと、「房」は部屋・住まいのことで、すなわち唐坊は中国を中心とする異国人の街のことである。

薩摩半島（鹿児島県の西側の部分）の中部に万之瀬川《まのせがわ》が流れていて、この河口は日宋貿易の拠点の一つだったといわれている。この万之瀬川河口、旧加世田《かせだ》市（いま「南さつま市」の一部）に「当房」（唐坊）と「唐仁原《とうじんばる》」（唐人原）という地名があったのである。滑石製石鍋が、沖縄諸島・先島諸島など、各地から出土しているが、これを媒介した地点としてもこの薩摩半島地域が注目されている。

この地域には「持躰松《もったいまつ》遺跡」がある。ここで、古代末から中世前期にかけての多量の貿易陶《とう》磁器《じき》（中国から輸入されたもの）が見つかったのである。一二世紀中頃から一三世紀前半のものが中心である。国内産の焼き物もあって、その産地としては東播磨《ひがしはりま》、常滑《とこなめ》、瀬戸《せと》などにひろがっている。そして、以前の流路（川筋が移っている）や、市場・寺社・領主居館・道などの復元が試みられている。

万之瀬川河口部が、九州島の南北と南西諸島との交通・交易の中枢機能を果たしていたことが想像される。石鍋やカムィ焼が南西諸島に届き、南西諸島の産品と交換されて、南九州にもたらされた可能性が高いわけである。そして、ここは畿内とも連絡があった。

中国産陶磁器も、カムィ焼や石鍋と一緒に出てくる。その沖縄諸島への移入は、一二世紀から一三世紀にかけて少しずつ増加する。そして、一四世紀後半から一五世紀にかけて、中国産陶磁器を中心としてその出土量が急増する。それは、中国との朝貢《ちょうこう》関係が成立してから、急増するということである。

農耕の始まり

一二世紀は、日本列島の北と南でともに、民族や国家の境目を越えて人びとが行き交っていた。大規模な交易活動が展開していたのである。これは、日本各地に大きなインパクトを与えた。南西諸島では「縄文時代」が終わって農耕が始まったし、先島諸島と沖縄諸島の文化を一体化させた。つまり、一二世紀の日本列島には、南西諸島から東北地方・北海道にいたる「物流の連鎖《れんさ》」があったのである。物流の連鎖とは、南九州の流通拠点と、北九州の流通拠点と、近畿・東海地方のそれと、東北のそれと…というように、それぞれに地域拠点があって、それがたがいに結び合っているということである。

具体的な人物名も出てくる。薩摩半島の南部を支配していたのは阿多《あた》氏である。阿多氏ら「薩摩平氏」は、一〇世紀末から一一世紀初頭に大宰府《だざいふ》（九州を管轄する政庁）に進出した

「伊勢平氏」から出ていて、一二世紀前半に薩摩半島南西部に土着した。一二世紀半ば、阿多忠景《ただかげ》は一族内で主導権を握り、薩摩一国を制圧し、大隅国にも支配を及ぼした。そして、源為朝《みなもとのためとも》の舅《しゅうと》としても影響力を持ったとされている。

琉球列島におけるカムィ焼や滑石製石鍋の流通は、農耕の開始と関連していたのである。この時代、すなわち一二〜一三世紀に、食料獲得のための「農耕」が始まった。それは、モノを持ち込んで来る「農耕民」が、「採集・狩猟民」であった琉球列島人の世界に、変化を促していった結果と考えられる。「農耕民」は、まず自分たちだけの移住集落をつくるが、次いでそれは周辺に枝分かれの集落を生み出していく。今度は、「採集・狩猟民」自身が、農耕を取り入れていく集落が現われる。

農具として、鉄鎌、鉄ヘラ、鉄鍬《くわ》などが出てくる。この時代に生産された米、麦、粟《あわ》などが、炭化した状態で残されている（米については、のちに述べる）。また、ウシやウマの骨が出土しているし、鶏、山羊《やぎ》、豚もあったことから、家畜の飼育が行われていたと考えられている。また、この時代に、生活の場が「漁労に適した海岸低地」から「農耕に適した平野部」に重心が移ったとされる。

それでも、漁労・狩猟は、この時代になっても、まだ盛んに行われていた。釣針《つりばり》・銛《もり》・ヤスなどの漁具があり、土錘《どすい》（土製の錘《おもり》）・タカラ貝錘があるので「漁網による漁業」が行われていたと考えられるし、貝類の「採集漁業」もあった。その貝類は、比較的に浅い海の砂底や、潮間帯《ちょうかんたい》（満潮の時には海中に没し、干潮の時には空気にさらされる地域。イノー）の岩場に生息する貝類がほとんどだった。

農耕は始まったのだが、それが広がっていく速度はゆっくりで、いきなり「農耕社会」になったのではないし、「本格的な農耕社会」になってはいないのである。

このことは日本史でも同じである。それでも、水田稲作という、生産力の高い農耕が伝来したことによって、時間はかかったが、確実に新しい段階（弥生時代）に移っていった。戦争が起こるのも、この時代である。農耕の発達にともなう水の争い、土地の争い、災害や凶作による食糧の奪い合い、が起こるのである。中国大陸や朝鮮半島からは、戦争の技術も伝わってきた。

紀元前三世紀ころに、北九州に伝来した水田稲作は、日本の東へ北へ、そして南九州へと伝播していった。それには「水田稲作人」の渡来もあったであろうが、基本的には、在来の縄文人社会が受け入れていったものであった。こうして、日本列島は「弥生時代」に転換していった。

稲作の起源・伝来

稲作は、中国大陸の長江《ちょうこう》（揚子江《ようすこう》）流域の、水の豊富な地帯で、野生の稲を移植することから始まった。実に紀元前六〇〇〇年ないし五〇〇〇年、今から八〇〇〇年ないし七〇〇〇年も前のことである。稲作は、この起源地から中国の北方へ伝わっていき、山東《さんとう》半島や遼東《りょうとう》半島、そして朝鮮半島を経て、北九州に伝わってきた。水田の造成と、関連農具と、栽培技術（田植えを含む）がセットになって伝わった。

この系統の稲作は、「温帯型」の稲作として発達した。つまり、日長《にっちょう》時間（日の長さ。日の出から日没までの間）が、夏から秋に向かって短くなり始めると実を付けるという性質（短日《たんじつ》感光性《かんこうせい》）を持っていた。また、高温には弱い面がある。これは温帯適応型の「ジャポニカ米」である。

日本列島は、稲作が伝わることによって弥生時代になっていったが、北海道と南西諸島には、その稲作はなかなか定着しなかった。伝播がなかったのではなく、くりかえし伝播はあったにもかかわらず、定着できなかったと考えるべきであろう。北海道は寒すぎ、沖縄は暑すぎる。沖縄に伝わっても、そこは温帯ではなく、亜熱帯の土地である。「温帯型」の稲作は、亜熱帯の土地にはよく育たなかったと思われる。

一方で、人口は少ないのに、その割りには豊富な海産資源があり、イノシシやシカなどの中型動物もおり、それに野生植物の利用を加えて暮らしていて、あえて農耕に踏み出す必要もなかったと思われる。こうして、沖縄諸島は長い間、採集・漁労・狩猟の時代の中にあって、弥生時代には進まなかったのである。

同じ農耕でも、稲作だけは九州ではなく、中国本土から直接沖縄に伝わったものと思われる。「ジャポニカ米」は、亜熱帯や熱帯ではよく育たない。その沖縄に、水稲が定着できたのは、それとは異なる「熱帯（亜熱帯）適応型・短日感光性喪失《そうしつ》」の稲の伝来によるものではないかと考えられる。

水稲は、起源地から北方へ伝わる一方で、西へ南へと伝播《でんぱ》していった。そして、長い歴史を経て、インドの風土に適した稲（インディカ米）を成立させた。それはやがて、インドから東南アジアへと伝播していった。その東南アジアに定着した「インディカ米」が、あらためて中国の政府によって中国南部に導入されたのである。

中国南部（福建省《ふっけんしょう》より南）は、沖縄と同様に、「ジャポニカ米」の育ちにくい土地柄である。中国（宋《そう》）は、稲作が伸びなかったこの地域への対策として、一一世紀の初め、具体的には一〇一二年に、「占城米《チャンパまい》（せんじょうまい）」を取り寄せた。「占城《せんじょう》」は中国での呼び名で、現地で

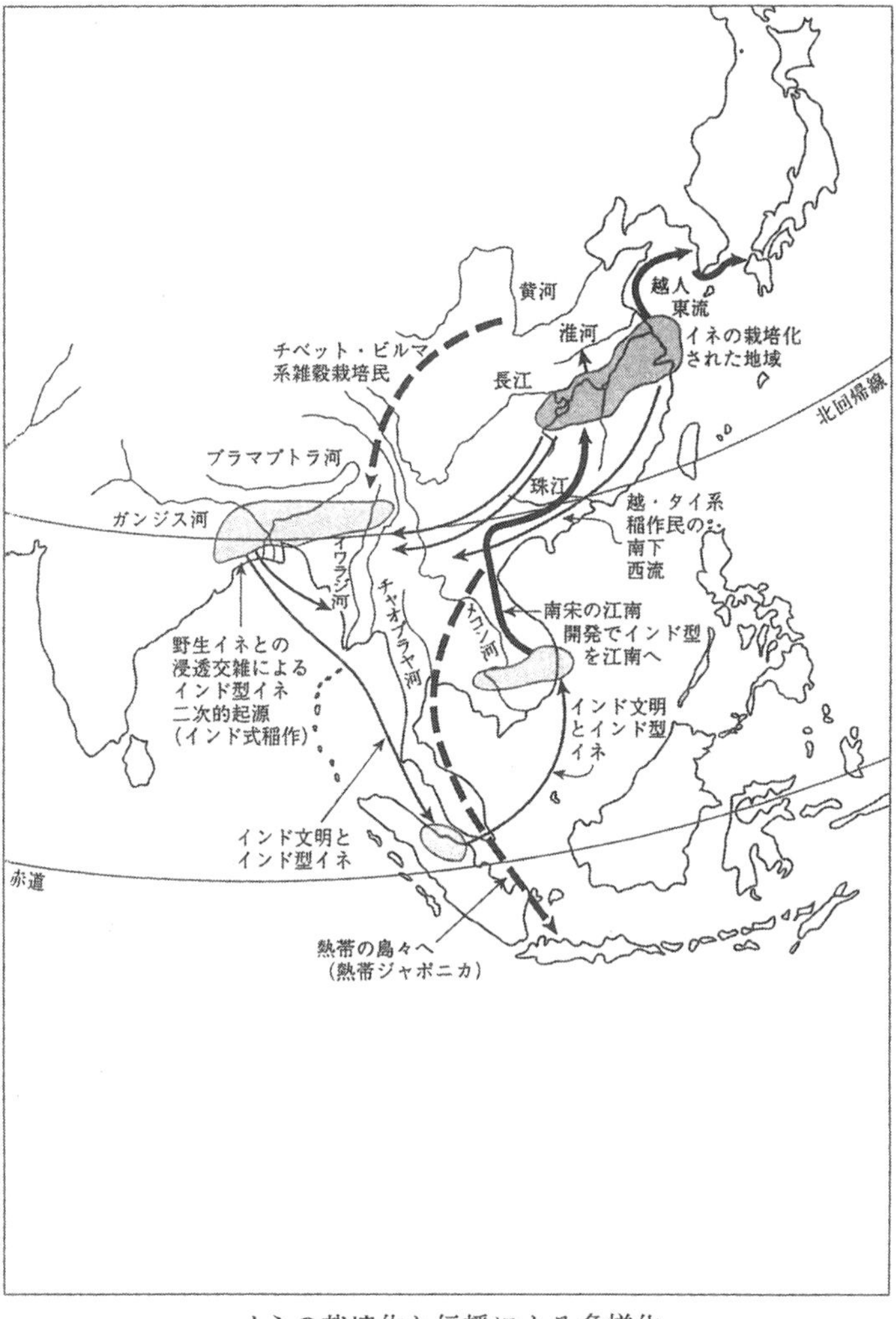

イネの栽培化と伝播による多様化

出所：池橋宏『稲作の起源』162 頁、6-2 図。

はチャンパといった。ベトナムの中部あたりのことである。これは「インディカ米」であった。中国政府は、これを取り寄せ、人びとに配布して、栽培の指導も行った。一挙に三万石（四五〇〇トン）も、である。

この稲は、高温に適合する。「短日感光性」は消えているので、秋にならないと稔らないということはない。台風前に収穫できる。そして、特に日本の稲作のように、田作りから始まって、田植え・施肥《せひ》・水のかけ引き・雑草の防除・収穫など、手間ひまをかけた「労働集約的な」（多労働の）対応もあまり必要ないのである。そのような土地柄に適合した稲が、この占城米だった。これが沖縄にも伝わった、と考えられる。中国南部の福建あたりから、直接伝わったのであろう。このことは誰も指摘していないので、「新説」となろう。

稲作は社会の激変を呼ばない

稲作は、日本史を弥生時代に導いた。しかし、沖縄の場合はそうではなかった。採集・漁労・狩猟を主体にしたままで、そこにようやく農耕（水田稲作を含む）が加わってきたのである。稲作はごくわずかに普及したにすぎない（その後の経過から見て、五％くらいのイメージである）。そしてそれは、日本の稲とは異なって、特別に生産性の高い作物でもなく、ほかの作物を押しのけるほどの力はなかったのである。

このような稲作だから、それが伝わったからといって、沖縄が「農耕社会」へと一大転換したわけではなかった。農耕は稲作を含めて、沖縄島全域に、そして広く周辺の島々に、ゆっくりと普及していったことであろう。

日本史のように、稲作の伝来と普及によって、生産物（米）が増大し、階層が生まれ、戦闘が始まり、強者が支配者となり、国家が生まれる、というようにはならなかったのである。

しかし、考古学者や歴史学者たちは、沖縄史を日本史に重ね合わせて、同じ筋道で理解しようとしていると、池田栄史《いけだよしふみ》「類須恵器《るいすえき》と貝塚時代後期」（『沖縄考古大観』のうち、二〇〇四年）は、そのあり方に疑問を提起した。

池田が疑問だとしたのは、次のような議論である。沖縄は「貝塚（縄文）文化」のあと、琉球列島に他地域から農耕技術がもたらされて、それぞれの島に「弥生文化的な農耕社会」が成立し、そこから政治的な対立が生まれ、琉球列島の軍事的緊張が高まっていって「グスク」が出現し、それらに依拠する「按司《あじ》」たちが互いに争い、強い者が生き残った結果、国家が形成されたという理解の仕方である。これは、日本史からの類推であり、考古資料を含めて、沖縄史の史料の解釈から導いた議論ではないのである。

池田栄史「南島出土類須恵器《るいすえき》の出自《しゅつじ》と分布に関する研究」（科学研究費報告書、二〇〇五年）

は、この考え方をいっそう発展させている。

池田は、これまでの考古学は「知らず知らずの間に、先行して進められた文献史学研究による琉球王国論の論調に引きずられ」てしまったのではないか、という。考古学的なデータを解釈するとき、先行していた「琉球王国論」を参考にして、それに追随してきたのである（この「琉球王国論」に問題があるのである）。

琉球列島の歴史において、「琉球王国の成立」は特徴的・象徴的な出来事ではある。このような小さな島々の集合体である列島に、国家ができたのだから。そのことを理解するために、考古学も役立たねばならない、と思ってしまったのであろう。そのことを指摘したうえで、池田は、「しかし、このような解釈論先行の歴史観はいずれ払拭《ふっしょく》されざるを得ない」、「今後、歴史学あるいは考古学的調査が進むとともに」変わっていかざるを得ない「と考えられる」と述べている。

私は、池田のこの問題提起に、積極的に賛同したいと思う。

また、谷川健一《たにかわけんいち》『甦《よみがえ》る海上の道・日本と琉球』（二〇〇七年）は、次のように述べている。

「琉球社会は一一、一二世紀に入ると劇的に突如変化を見せる。それまで、沖縄本島では貝塚時代、先島では無土器時代がつづいた。八重山ではそのような石器時代が一〇〇〇年もの間存在した。この気の遠くなるような原始生活の長い眠りからゆり覚《さ》まされたのは、日本から与えられた文化の衝撃によるものであった」。そして城久《ぐすく》遺跡群について述べ、「これからすれば、一一、一二世紀の奄美諸島は、琉球弧の中で最も早くから開けた地域であったことは明らかである」。沖縄の「グスク時代の黎明《れいめい》期においては、奄美のほうが沖縄本島よりもはるかに先進地帯であったことを、喜界島の城久遺跡は如実に物語っている」。

谷川は、「従来からの説」を「琉球社会はみずからの内発的発展によって三山統一にいたり、琉球王国を開化させた」ものと要約して、このような「意見に組［与《くみ》］することはできない」と断じている。

いわれるように、沖縄の歴史は北からしだいに展開してきたもので、奄美諸島以北の歴史が先行して、それが波及してきたのである。

第2話
グスクは戦いの砦か

グスク（グシク、スク）は「城《しろ》」だといわれている。そしてそれは、戦いの砦《とりで》＝戦闘施設だと思われている。本当にそうだろうか。その数は三四〇にものぼるという。そもそもグスクは、大小もさまざま、形もさまざま、石積みのあるのもないのもある。少なくとも、「戦いの砦」と「そうでないもの」とを区分する必要があるのではないか。そのうえで「戦いの砦」もあったのかを検討すべきであろう。

「グシク＝城砦」論をめぐって

仲原善忠《なかはらぜんちゅう》『琉球の歴史』（一九五二年）は、「城はグシクというて、山の上とか、がけを後《うし》ろにするとか、敵の攻めにくい所にたて、石垣をつみあげた山城《やまじろ》が多く、その中に家をたて、按司《あじ》の一家とその家来の人たちがすんでいます」と述べている。仲原は「グシク＝城《しろ》」とし、そこの主を按司としている。

比嘉春潮《ひがしゅんちょう》『沖縄の歴史』（一九五九年）は、「沖縄には至るところに古い城の跡がある。島尻《しまじり》・中頭《なかがみ》には特に多く、小高い丘という丘は、ほとんど城跡だといってもよい位である」と述べている。比嘉はまた、「これらの城はかつて按司《あじ》の居城であった」と続けている。比嘉は、世間でグスクと呼ばれているものの、ほとんどすべてを「城《しろ》」「按司の居城」と見たのである。比嘉によれば、按司は武士であり、かれらが競って「城」を築いて、武力を備えたということになる。

このような、「グシク＝城砦《じょうさい》」という意見に対して、次のような反論が出てきた。仲松弥秀《なかまつやしゅう》「〈グシク〉考」（『沖縄文化』第五号、一九六一年）は、「グシクを〈城《シロ》〉とすることに対して大きい疑問をもつ」と、次のように述べている。「あまりにも面積の小さいのがある」、「域内が不整際である」などとして事例を挙げ、「こんなところに家が建てられるはずもなく、また兵士が立てこもれるとは考えられない」とする。まとめて、「いろいろ観察し考察すると、グシクは城であるとは到底考えられない。むしろ、多分に外部と隔絶《かくぜつ》する［区別し隔《へだ》てる］意《い》図《と》の方の施設として強く感じる」。

仲松は、こう続けている。「グシクが発生して相当時代が経過し、世《よ》の主《ぬし》時代になると初めて〈城〉が発生した」。「グシクを囲って城に発展した結果、城もグシクと言うようになったと思う」。グシクの本体は「石垣で囲まれた神のいます、あるいは天降《あまくだ》る聖所と、神々を礼拝する拝所《はいしょ》とを一つにした聖域であると考える」。つまり、グシクはのちに発展して「城」になった、としている。それでも、そのグシクの本体は、「聖域」だというのである。

山里永吉《やまざとえいきち》『壺中天地《こちゅう》』（一九六三年）は、次のように述べている。「琉球には一〇〇あまりも城があると言われている。しかし、その城の中には、石垣も囲いもない、ただ小高い丘陵《きゅうりょう》の頂上を城と呼んでいる場合もあ」る。「琉球の城が単に戦闘のためにあったのではなく、倉庫も城であり、神を祀《まつ》る拝所の中にも城と呼ばれているところがあるのは、琉球の城が外国の城とちがって、戦闘以外の別の目的のために築かれた城が多いことを物語っている」。山里はまず、グシクには「戦闘施設」と「そうでないもの」があるといっている。

そのうえで山里は、沖縄の歴史には戦争が少ないことを指摘している。「琉球の歴史を調べてみても、国内での戦争は至って少なく、舜天《しゅんてん》王の利勇《りゆう》討伐、尚巴志《しょうはっし》の北山・南山征服、護《ご》佐丸《さまる》と阿摩和利《あまわり》の乱ぐらいのものである」。私には、これらさえも真実の戦争であったとは思えない（のちに述べる）。「そういった琉球で、大小の按司たちは何を好んで築城を競う必要があったのであろうか」。

山里はまた、戦闘施設だとされているいくつかのグシクを見ても、小さすぎて、駐屯《ちゅうとん》できた兵の数もごく少なかっただろうこと、おそらくは戦闘以外の、例えば「按司の住家《すみか》」や「物資の集積所」を主な目的にしていただろうこと、などを指摘している。

グスクの「発展」はあったか

嵩元政秀《たけもとまさひで》は「〈グシク〉についての試論―考古学の立場より―」（『琉大史学』創刊号、一九六九年）を書き、「仲松教授がグシクを〈グシク〉時代と〈城〉時代に分け、発展的、段階的に把握しようとしたことは注目すべきであろう」といい、この点には賛意を表明している。「グシクは数百年余に亘《わた》る活動期の間に、その構造、性格、居住者等の差異変遷があったろうし、画《かく》一《いっ》的に論究することはできぬ」。

そして、「グシクの分類」を示し、グシクはB式からA式へと発達した、とした。C式グシクもあるが、それは「遺物のない、特殊なグシク」で、嵩元は議論の対象から外している。仲松弥秀や山里永吉がとりあげた小さなグシクである。

B式グシクとは、野面《のづら》積みの石垣遺構をもつグシクである。ここからは、金属器、日用品の刀子《とうす》、須恵器《すえき》・青磁器《せいじき》（外来）、牛馬の骨歯片などが出土する。これは、「防禦《ぼうぎょ》［＝防御《ぼうぎょ》］」された、又は自衛意識をもって形成された集落」だという。それは「按司の居城」ではないし、また人が住んでいたので「聖域」でもないとして、ともに批判した。それが、結局はA式グシク、すなわち「支配者の居城」に移行する、という。

高良倉吉《たからくらよし》は「沖縄原始社会史研究の諸問題」(『沖縄歴史研究』一〇号、一九七三年)で提起した「グシク・モデル」を、その著『琉球の時代』(一九八〇年)では「グスク・モデル」と言い換えて、やや修正しつつ再提起した。

まず、高良は仲松説を「聖域説」と命名して賛意を表し、「城塞的《じょうさい》グスクと非城塞的グスク」を「区別してとらえるべき」であり、それらが「ともにグスクと称される理由は、両者が聖域としての性格を共有するからにほかならず、発生的には非城塞的グスクのほうが城塞的グスクに先行するということになる」と整理した。

次に、高良は嵩元説を「集落説」と命名して、これを考古学的発掘調査に依拠して、この説を提示しているとした。結論的には、「私の理解によれば、聖域説も集落説も、それぞれグスクの一面をとらえたものにすぎない。真相は、両説を統一した全体的な視点によってしか説明されないのではなかろうか」としている。自らの意見を「両説の統一」といい「全体的な視点」だといっているのだが、どこがそうなのだろうか。「小高い丘の集落+聖域」から、「集落は移動、聖域は残る。一部は城塞で囲まれる」という道筋での理解であるから、多くの論者との違いはなく、常識的といっていいものである。これを高良は「グスク・モデル」として図示して示したのである。そして、結局は「城塞的グスク」に至るというわけであるから、これもまた多くの論者と変わりはない。

大城立裕《おおしろたつひろ》『休息のエネルギー』（一九八七年）は、「グスクとは祭の場所ともいい、古い墓の跡ともいい、砦ともいう。これらのいずれもある程度正しいと、私は思う」といい、さらに次のように述べている。「農耕をはじめた家族は、やがて一族を形成して、集落をつくり、利害関係が生まれたから、統率者《とうそつしゃ》が必要になったであろう。はじめに集落をつくった人物をそのリーダーとして崇《あが》めるようになったと思う。これが〈アジ〉である。アジは死んだあとも崇められて、その骨を埋めた場所は聖地となり、そこを中心にして、あるいは守護神の居場所として集落は発達した。その聖地をグスクとよんで崇めたということが考えられる。集落は、そのうちに他の集落と戦うようになる。その頃には、グスクを砦の中心とし、やがて砦、つまり城そのものをグスクとよぶようになった――これが私の仮説である」。これも、前の四者と同様である。

グスクは「軍事施設」か

さらに、その後の考古学者の見解を見る。

安里進《あさとすすむ》『考古学からみた琉球史 上』（一九九〇年）は、グスクを三つに区分している。①「百平方メートル程度で、しかも石積みも貧弱で、およそ城塞的グスクとは呼びがたいグスク」。

これと、②「グスク的遺跡」と、③「城塞的グスク」である。「グスク的遺跡」は、けわしい山がちの所に立地しているので、防御《ぼうぎょ》施設そのものは確認できなくても、防御施設だとみようというものである。「城塞的グスク」は、「石積み、堀切《ほりき》り、柵《さく》、土塁《どるい》などの人工的な防御施設の存在が確認できる」ものである。

安里は、「これらの城塞的グスクの中でも、もっとも典型的な発達を遂げた石積みグスクの、その「発達過程」を、野面積《のづらづ》み→野面積みと切石《きりいし》積みの併用→切石積みと説明している。また、単に「石積み」だけでなく、「堀切り」によって防御するタイプのものもあり、それらが複合する「堀切り・石積み併用グスク」へと「発達していった」としている。さらに、石積みグスクや堀切りグスクを、「小型グスク」＝単郭《たんかく》構成、「大型グスク」＝多郭《たかく》構成と分類している。それは、小型から大型へ、単郭から多郭へ、という流れだったという。そのように変化した理由については説明がない。

しかし、安里「グスク時代開始期の再検討」（共著『新琉球史・古琉球編』のうち、一九九一年）では、グスクは「二〇〇〇平方メートル以上の大規模・多郭構成と、五〇〇平方メートル前後の小規模・単郭構成に大別される」とし、どちらも「前期グスク段階からすでに認められる」と述べている。どの時代にも、大規模も小規模も、多郭も単郭も、あったというのである。ならば、「発達」はしなかったのであり、「大規模多郭構成グスク」の出現は、「飛躍的な変化」

とはいえないことになろう。城塞的グスクがある時期に突然出てくるものならば、それは「画期」を示すことになるかもしれないが、そうではなく以前からどちらもあったというのだから、そこに時代を画する基準を求めることはできないはずである。

グスクを軍事的施設としてとらえる代表的な論者の一人が、当真嗣一《とうましいち》である。当真「グスクの縄張《なわば》りについて」（『沖縄県立博物館紀要』一九九三・九四年）は、「南西諸島のグスクは、その占地・縄張・構造・出土遺物などからみても城郭《じょうかく》とみるべきであり、按司が地域支配と領民保護のために築いた軍事的施設である」との立場を打ち出している。その後、この論文を含め、それ以後に書いた論考をまとめて、『琉球グスク研究』（二〇一二年。五〇〇ページに及ぶ大著）を刊行しているが、この見方は変わっていない。

なお、グスクには小さなものが多いことから、それらが軍事的施設であるはずがないとの疑問に対しては、それらも、見張り所・烽火台《のろしだい》・支城・出城《でじろ》などとして見直せば、一つひとつは小さくても、一連の関連した軍事的施設の一部として評価できるという。

当真がグスクを軍事的施設と考えるのは、この時代を「旧来の歴史学」の示していることに沿って、「三山の抗争の時代」と理解しているからである。そして、各地に按司と呼ばれる「地域支配者」「領民保護者」が互いに競い合っていて、「統一国家を誕生させていく緊張した時代」だと理解している。そのため、そこに多数の軍事的施設があって当然との理解によったものである。先行する歴史論に、合わせて解釈しようとしているのである。

そして、グスクは軍事的施設と考えるから、方法として、同時代の日本中世の城館・城郭と対比することになるのである。

もっとも、当真が、グスクの考古学的な調査が必要だとし、自らも進めてきたことは評価できるが、それが軍事的施設であることを証明するという目的にわざわいされてはいないか、懸念されるところである。

当真は、本人も参加したという、一九八三年に沖縄県教育委員会が実施した「グスク分布調査」を踏まえて、次のことを指摘している。

①グスクの呼び方は、「奄美諸島と沖縄島ではグスク、宮古列島ではジョウ、八重山列島の石垣島ではスクと呼び、いずれも城の字をあてている」。②グスクは、北は奄美諸島から南は宮古・八重山諸島にいたる「琉球王国の政治支配領域に広く分布している」。③「沖縄島とその周辺離島では二二三か所」で、「その内訳は、北部で四五か所、中部で六五か所、南部で一一三か所」である。④とりわけ南部の糸満市では、「四二平方キロに四三か所」で、「一平方キロに一か所の割合でグスクが分布している」。⑤「北部地区に薄く、南部地区に厚く分布している」。⑥この調査地域から外れた「宮古諸島では一六か所報告されているが、石垣島等その他の地域では分布調査が不十分である」。

これで総数は二四〇か所になる。

グスクは進化していったか

上原静《うえはらしずか》「グスク時代」（『沖縄県史・各論編・第2巻・考古』のうち、二〇〇三年）は、これまでの研究を総括したものである。「近年の考古学的な調査」によるとして、グスクの種類を挙げている。①「グスクが築かれる前の集落跡」、②「グスクが城塞であるとともに生活の拠点となっている」もの、③グスクに「付随する集落そのもの」、④「集落成立」が先で、「グスクに近い家が元屋《むーとぅやー》と呼ばれる」（これは「村の祖」である）し、集落は「その家を軸に展開している」もの、⑤「現在はその村落の聖域、墓地域になっている」グスク、⑥「グスク時代の前半期における石積みを有しないグスク」など多様性があり、それらの前後関係も明らかになってきた、と述べている。

上原は、これまでさまざまな議論があったが、「現在、グスクは聖域を内包した防御集落として発生し、時間が経《へ》るにつれ按司の支配拠点としての城塞《じょうさい》へと変化したとする説に落ち着いている」とまとめている。それ以前のグスクにも触れながら、「時期が下り一四世紀中葉段階になると、地上に石垣を積み上げ、柵、堀などを築く明らかな城塞が登場する」とし、これとは別に「純然たる集落」としてのグスクもあって、この二つに分化していく、としている。

このうちの「城塞としてのグスク」については、「石積みをもたず木柵《もくさく》や堀切り、土塁《どるい》などで防御をそなえた土《つち》から成るグスク」と、「石積みから成るグスク」がある、という。「城郭《じょうかく》内の建物」は、「小規模のグスクには掘立柱《ほったてばしら》建物が建ち、大規模のグスクでは礎石《そせき》建物が存する」ともいう。建物は、柱の根を直接に地に埋めるものから、大型になれば、石を基礎に柱を建てるようになっているというのである。

この「石積みから成るグスク」の特徴は、「馬面《まめん》」・「雉《ち》」、「胸壁《きょうへき》」（これには「狭間《さま》」［城壁や建物に設けられた攻撃用の窓］がある場合もある）、「甕城《おうじょう》」などがあり、これらが「防備のための施設であることを示している」という。「馬面＝雉」は垣根が出っ張っている部分であり、「胸壁」は土を積み上げた砦《とりで》であり、「甕城」は防戦や出撃時の拠点になる施設であるが、（おそらくは当真の議論に引きずられて）あえて日本中世の城館にかかわる軍事用語を使って、軍事施設であることを印象づけているといえる。

グスク遺跡の数については、当真嗣一の紹介した「沖縄本島及び周辺離島」（北部地域四五、中部地域六五、南部地域一一三）の二二三に加え、その後の調査から宮古諸島六一、八重山諸島五八を加えて、総数は三四一余としている。これには「城塞的遺跡ばかりでなく、集落跡、祭祀的遺跡を含んでいる」。

以上、仲原善忠・比嘉春潮のような、「グスク＝城」とみる意見を批判する、あるいはそれには同調しない立場にある諸説を見てきた。ただし、当真嗣一は、ほぼ仲原・比嘉と同じ意見である。

私は次のように考える。グスクには多様なものがある。それを指摘することなく、仲原や比嘉のように、すべてを戦いの砦とすることには疑問である。近年の多くの論者は、そのような見方に異議を提出していた。そのことには同意できる。ただし、そのような論者も、その後に戦いの砦になったグスクがあることを認めている。私は、そのことに疑問を持っているのである。

大平聡《おおひらさとし》「グスク研究覚書」は、副題に「安里進氏の〈グスク時代〉論を中心に」としていて、安里の論点を整理し、疑問を提起したものである（宮城学院大学附属キリスト教文化研究所編・刊『沖縄研究―仙台から発信する沖縄学』のうち、二〇一〇年）。私の疑問と重なる、この見解を紹介する。

安里の「グスク時代」に関する論考に対して、大平が「検討課題」として提起したなかから、「時代」ではなく「グスク」について述べた二点を取り上げる。①「石積みを持たないグスク的遺跡」は防御《ぼうぎょ》的施設ではなく、「小規模・単郭構成のグスク」は防御的施設であるのであれば、「石積みを持たないグスク的遺跡」とは何だったのか。

②「発生期の前期小規模・単郭構成グスクは、すべて防御的施設として生みだされたものと考えてよいであろうか」。そうであれば、「いかなる歴史的条件が〈防御〉の必要性を導き出したのか」を説明してもらわなければならないだろう。

私も大平と同じく、この点の説明がないことが問題だと思っている。「初期の小規模グスク」も「防御的施設」だとしているのだから、それが「社会の展開」に影響されて、「大型城塞的グスク」が誕生してきたというとき、なぜ、それに「軍事的防衛機能」が付け加えられていったのだろうか。

まだ「農耕社会」でないのに

大平はまた、グスク論への新しく、積極的な提起をしている。大平は、安里進のグスク論に限ることなく、沖縄におけるグスク論の多くに見られる「グスクを軍事施設としての〈城〉と理解すべきことを当然とする見方」に疑問を提起しているのである。

大平のこの疑問は、「日本古代政治史」の立場から、東北地方のいわゆる「防御性集落《ぼうぎょ》」を観察してきて、それが「軍事的機能のみ」で評価されていることに対して疑問を持ち、自らは「囲郭《いかく》集落」と呼ぶことにしているという、そのような問題と重なり合っているのである。この東北の集落は、「一〇世紀後半から一一世紀にかけて、時に自然河川を一部利用しながら、集落の周囲に堀をめぐらせ、外側に土塁を積み上げるという構造を有した集落施設」のことである。農業よりも交易に重点があった。「ほぼ時を同じくして、同一の相手（「日本国」）と同様の契機をもって接触を深めた〈交易型社会〉に現れた現象を、比較して考えることは、あながち無意味なことではない」。大平の着眼点がわかる。

大平はまた、世界遺産に認定されたグスク、今帰仁《なきじん》城遺跡や中城《なかぐすく》城遺跡などについて、「自然地形に対応してそうなっているのかもしれないが、曲線を多く取り込んだ石積み施設の平面系は、変化にとんだ外郭《がいかく》線を造り出し、軍事的機能というよりはむしろ、外観の美しさと技術力の高さ、そしてそのような施設を造り出せる実力を誇示《こじ》しているかのように思われてならない」と述べている。

「グスク時代」とされている一三〜一五世紀は、農耕がようやく始まり、しだいに普及していく過程のなかにあって、「農耕社会になった」とはまだいえない時代である。按司は、チーフ（首長）であって、民衆を支配する権力者ではないであろう。民衆にたいして強制力を発揮したり、負担をかけたり、租税を徴収したりはしていないであろう。

按司の存在とセットのように見られているグスクも、単純に「戦いの砦《とりで》」「城砦《じょうさい》」「城塞《じょうさい》」、すなわち戦闘施設とみることはできない。これは、グスクに「城」という文字を当てたことから生まれた誤解だと思われる。そうではなく、グスクの原点は、地域社会の信仰の対象であり、シンボルであったということであろう。

琉球列島に三四〇もあるというグスクが、すべて戦闘施設であるはずはない。このような見解は、今ではほぼ克服されている（例外として当真嗣一がいる）。しかし、多くの論者がそのうちの一部は戦闘施設になったとみなしている。なぜそういえるのか、その違いはどのような事情で、いつ生じたのか。そのような説明をすることなく、ただ「のちには戦闘施設になった」といっているだけである。

グスクに防御機能があることは、認められる。石積みを築いて他と区分するのであるから、隔《へだ》てができ、他からの侵入を防ぐことになろう。しかし、それを戦闘施設というのであれば、防御（守る）だけでなく、攻撃（攻める）機能もなければなるまい。それよりも何よりも、どのような歴史的状況が城砦を必要としたのか。もし、琉球の正史に「三山の抗争」とか「山北《さんほく》攻め」などの記述がなければ、そのような理解を前提にしなければ、モノとしてのグスクの形状だけで、それが城砦だということはできなかったのではないか。

朝鮮人が琉球に漂流して、帰国後に役人に話した見聞録が『李朝《りちょう》実録』にある。一五世紀後半に四度にわたっている（一四五〇年、五六年、六一年、七七年）。その中には首里城が次のように描かれている。正殿と思われる建物は「瓦ぶき」である。ほぼ三重に囲まれていて、

「外城」には「倉庫」や「厩《うまや》」があり、「中城」には守りの「軍士」が二〇〇人あまりいる。「軍器庫」もある。離れて「旧宮」があり、国王はそこと行き来している。つまり、首里城は防御機能を備えていたのである。

一方、地方のグスクに関する記述とみられるものとして、唯一、久米島の「小石城」について述べている。そこには「島主」が住んでいるという。「独居」とあるから、一人あるいは一家族であろう。これが軍事的施設ということはむつかしい。

自然の地形に沿って建造されたグスク

首里《しゅり》城・中城《なかぐすく》城・勝連《かつれん》城・座喜味《ざきみ》城・今帰仁《なきじん》城は、いわゆる「大型グスク」の代表格だろう。これらはほとんどが復元されていて、今も当時の様相を観察できる。少なくともこれらだけは「戦いの砦」だと思う人が少なくなかろう。これを例に考えてみる。

これらのいわゆる「大型グスク」は、大平聡もいうように、すべて、自然の地形に依存して造られており、それに沿いながら、石積みを築いていったものである（絶壁部分には石積みはない）。多様な曲線を描くのはそのためであろう。「大型」の自然地形を利用したから「大型」になっているもので、日本のように平坦な土地に城郭《じょうかく》（たとえば天守閣《てんしゅかく》）を築いたものとは、性質が大いに異なっている。

中にあった建物は、首里城を除いてすべて平屋《ひらや》であったと想像される。「大型」は敷地の広さのことであって、そこに建っていたと思われる建物は「大型」ではない。例えば、勝連城にあった建物跡の面積は二五五平方メートルでしかない。生活の場と考えても、四〜五家族分である。今帰仁城も、座喜味城も同様である。これらの「城」の中に立て籠《こ》もることのできた兵の数は「大型」ではない。したがって、これらの「大型グスク」を砦として戦いが展開されたとしても、その戦闘はけっして「大型」にはなりえない。

日本では城郭を城というが、沖縄では石積みを城（グスク）と言っている。グスクの語源は「グ（石）」「スク（敷く）」とされるが、グスクは文字どおり「石敷き」「石積み」のことではなかろうか。「石敷き」は石畳道となり、「石積み」は石垣・石壁・石塀《いしべい》になる。それは連続している。

大平聡は、グスクは「力と財のある者の象徴的な建造物」と主張していて、大きなヒントを提示しているが、「力と財のある者」を「権力者」と見ては、これもまた史実から離れることになると思われる。それぞれに集落的なまとまりがあり、そこにはリーダーがいた。按司と呼ばれるこれらの人びとは、権力者ではなく、人びとを抑圧するのではなく、「仲間内《うち》」でありながら全体を代表するのである。

グスクは誰が造るのかと考えてみると、その地域の人びとが協力し合って、みんなで造るのだと思われる。それは、自分たちの住居の石垣・石塀や、地域の道路（石畳道）や橋（石橋）などを建造することと、性質にあまり変わりはなく、皆が必要だから皆で造るのである。

それが大きくなっていけば、設計する人や、建造に取り組む人びとに構想や作業の手順などを示すリーダーも生まれただろうが、「みんなの建造物」としてグスクは造られていくのである。首里城の場合は、国王たちの住居や儀式の場という性格が主になるので、建造の原理はやや特異なものとなり、指揮・命令の要素が強くなろう。そして、ほかの「大型グスク」はそれに準じたものになろう。それでも、時代状況を考えれば、ひたすら戦闘施設として見ることには、やはり疑問が残るといわねばならない。戦闘・防御機能がある程度備わっていることは否定しないが、主要な側面はそうではなく、地域の聖地・シンボルであろう。そして、そこに、首里城や中城城のように、祈りの場が多数残されていることも示唆《しさ》的である。さらに、近世になってのことだが、中央の官職には「国防の機関はない」（東恩納寛惇）。

あのボロブドゥル（インドネシア）や、アンコールワット（カンボジア）や、ピラミッド（エジプト）も、強制労働によって建てられたものではなかったことが明らかにされてきた。前の二つの場合は、宗教的信仰心から進んで建設に参加したものであり、ピラミッドは農閑期《のうかんき》対策として、為政者《いせいしゃ》が人びとに仕事を与えていたのである。

沖縄のような小さな社会で、しかも農耕が始まったばかりの時代に、多くのグスクが建造されたということは、強制労働によるものとは考えにくく、「自分たちみんなのための仕事」として、自主的に参加したものであろう。

補遺

第2話を書き終えて、ある情報を得た。

真喜志好一《まきしよしかず》が「仮説検証　中城《なかぐすく》・原初は天文台だった」という文章を、『琉球新報』に掲載していたという。二〇一二年七月一〇日と一一日である。

読んでみると、当真嗣一《とうましいち》が「中城城や安慶名《あげな》城の城壁石垣の中に鉄砲の発射を目的とした小さな穴が認められる」と書いている（『琉球新報』二〇〇二年九月一一日）。これに疑問をもって真喜志は現地で検証した、という。

その要点は、次のとおりである。

中城には、「厚さ一メートルほどの城壁に横幅三〇センチ、高さ六〇センチほど石を積み残した穴が、正門脇に一つ、〈南の郭〉に三つあった」。これを当真は、鉄砲発射のための穴、すなわち狭間《さま》だといっているのである。しかし真喜志は、その穴からのぞいてみて、「二〇〇メートルほど先の丘が見える。現在のライフルでも狙えるか」と「疑問」をもった。

また、名嘉正八郎《なかしょうはちろう》や知念勇《ちねんいさむ》が紹介している中城のオモロに、「てたか、あなに、むかて」(太陽の出る方向に向けて)とあるが、二人ともこれを城門とつないで理解していて、「穴との関係は考えられていない」と、真喜志はいう。

真喜志は、中城村教育委員会の作成した測量図を手掛かりに、これを「節季」(春分・秋分・立春・立冬・夏至・冬至)ごとの太陽の向きと重ね合わせた。穴は四つあるが、それぞれの役割があって、まとめれば、「作物に恵みをもたらす太陽に感謝の祈りをささげ、種まきの季節を知るために築いた」ものということが分かった。名嘉や知念が、太陽を城門とつないで理解しているが、そうではなく「穴」とつなぐべきことも分かった。

このように、真喜志は、グスクが戦いの砦だとする見方に疑問を持っていた。私もこの疑問に親近感を持つ。鉄砲の日本伝来は一五四二年であるが、それより二〇〇年も三〇〇年も前に、世に鉄砲そのものがなかったと思える時代に、沖縄では鉄砲発射のための狭間を設けていたという当真の説は、成り立つはずがない。当真の新聞コラムの表題は、「鉄砲伝来は何処が先?」である。

第3話

按司は武士なのか

第2話で「グスクは戦いの砦ではない」とした。沖縄史には戦いそのものがほとんどない。そして、武士は出てこない。按司《あじ》という、それらしい者がいるので、これを武士だと思っている人もいるが、按司は武士ではない。武士とは何だろうか。武士は中国や朝鮮の歴史にも出てこない。日本史で武士が生まれたのは、とても変わったことなのである。どのような経過のなかから生まれたのだろうか。按司は武士ではないというのは、なぜなのか。按司とは何だろうか。沖縄にも「ぶし」「サムレー」「士族」という言葉がある。それでも、沖縄に武士はいなかった。

問題の所在

沖縄考古学は、「縄文（貝塚）時代」の次に「弥生時代」を設定せず、「弥生〜平安並行時代」（縄文時代後期）としている。

沖縄歴史学は、原始時代を「部落時代」とし、それに続く時代を「按司時代」としてきた。「第2話」でみた、仲原善忠《なかはらぜんちゅう》や比嘉春潮《ひがしゅんちょう》はその代表的な論者であった。かれらは、按司を武士とし、グスクを「戦いの砦《とりで》」＝戦闘施設としていた。

近年の歴史学では、「按司時代」という言い方は消え、考古学で生まれた「グスク時代」という表現が歴史学にも導入され、それにとってかわっている。それは「弥生〜平安並行時代」のあとに位置づけられている。しかし、これも按司が発生し、グスクが建造されるようになる、という理解である。この見方は、仲原や比嘉の理解と響き合っている。

高良倉吉《たからくらよし》『琉球王国』（一九九三年）は、考古学の研究成果を踏まえたとして、いわゆる「グスク時代」を、①「本格的な穀類栽培農耕の時代に突入した」（私は第1話で、このような理解を批判した）、②「鉄器文化が本格的にスタートした」（③④⑤は引用略）、⑥「各地に按司とよばれる首長層が台頭し、小さな政治集団を形成しはじめた」と描く。その按司は「グスク＝城砦《じょうさい》を構えて相互に対立するようになり、しだいに激動の様相を呈するようになる」とする。そして、「在地首長として各地に台頭した按司たちの抗争が、やがて王国形成につながることになる」という。高良は武士とは言っていない。しかし、按司を「首長層」「在地首長」といって、その性格を説明せず、これらが「抗争」していたとしているのであるから、事実上、按司を武士と見ていることになる。

他の多くの論者も同様である。このことを考えていこう。

ぶし・サムレー・士族

なお、沖縄では「ぶし」という言葉自体が違った意味をもっている。それは「力の強い者」ということである。国立国語研究所編『沖縄語辞典』には、「達人。武芸・唐手《からて》などのすぐれた者、大力《だいりき》のある者などをいう」とあり、「武士の転意」と補足されている。言語的には日本の「武士」という語を引き写しながら、それを同じ意味ではなく、「転意」して（意味を変えて）使っているのである。言葉だけをみても、日本史の武士と、沖縄の「ぶし」は異なっているのである。

近世になると「士」が現われる。これは「シ」ではなく「サムレー」と読む。東恩納寛惇《ひがしおんなかんじゅん》「旧琉球の階級制度」（一九〇九年）および同『琉球の歴史』（一九五七年）による。これは日本語の「さむらい」に通ずる言葉だが、これを武士と取り違えてはならない。日本史では、武士の登場以前に、「さぶらう」（候ふ／侍ふ）といわれた人びとがあった。かれらは天皇や貴族のもとに「さぶらう」、つまり「じっとそばで見守り待機《たいき》する」人びとである。中には武力を持っている者もいた。武官である。それがのちの「武士＝侍《さむらい》」につながっていった。しかし、沖縄の「サムレー」は武装していないので、これらとは異なる。琉球の近世では、王府に勤めている人びと（いわば文官）のことを「サムレー」と言ったのである。

近代になると「士族《しぞく》」が現われる。これは、明治維新後に「族称《ぞくしょう》」の一つとして初めて使われるようになったものである。族称には「華族」「士族」「平民」があった。以前の武士身分が「士族」とされたのである。もっと言えば、時代が変わって、武士でなくなった者を「士族」としたのである。そして、琉球の「士《サムレー》」も同じく「士族」とされた。このことを指摘することなしに、「士族」という用語を使うのは誤解のもとになる。

「役人としての武官」「軍事貴族」と、武士とは異なる。武官（軍事貴族）はどこの国にもいたが、中国や朝鮮では武士は生まれず、武官のままである。沖縄にも武官はいた。武器を持って、王城（首里城）や王族の護衛に当たっていた。第2話で紹介した『李朝《りちょう》実録』の記事が示している。しかし、これも役人としての武官であって、武士ではない。

沖縄で武士が生まれなかったのは、少しも不思議なことではない。武士が生まれたのは、特殊な、日本的なあり方だと考えるべきである。

なお、日本で武士が生まれたことは、日本史の先進性を示すものではなく、むしろ後進性を表わすものだという意見もある。武士が生まれたのは、法や倫理による統治が困難で、武力に頼らざるをえない社会だったからである。

日本史における武士の誕生以前

日本史の大半は武士の歴史である。武士は、平安時代《へいあん》（九〜一二世紀）の終わりの方で生まれた。ただ、それには「前史」があるが、沖縄史の記述は「按司誕生の前史」を欠いている。なぜ按司が生まれたのかを説明することなく、「ともかく生まれた」としているのである。なぜか。説明できないのである。

そこで、日本史で武士が生まれた経過を、ごく簡単にでも見ておくことにしたい。日本の古代国家（飛鳥《あすか》・奈良《なら》・平安時代《へいあん》）は、「律令国家《りつりょう》」であった。中国の制度にならって、「律」（刑法）と「令」（行政法・民法）を定めた。この制度の下では、土地はすべて国有地（公地）で、人びと（公民）には年齢・性別に応じて、耕作地が与えられた（班田《はんでん》）。租税は「租庸調《そようちょう》」といい、「租」としての粟《あわ》、「調」としての反布《たんぷ》（織物）、「庸」としての労役を課された。このほか「軍役《ぐんやく》」もあった。古代国家は、常設の軍隊を持たずに、反乱や紛争が起こったときに、その解決の手段として、臨時に人びとを徴集して（軍役を課して）、ことに当たっていた。

八世紀末から九世紀にかけて、開墾地を私有できるようになり（三世一身法《さんぜいっしんのほう》、墾田永年私《こんでんえいねんし》財法《ざいほう》)、全体が国有地とされている体制の中に、私有地が生まれる。その状況で、地域社会の農民の間に、貧富の格差が拡大する。富をたくわえた人びとは「富豪《ふごう》の輩《ともがら》」と呼ばれた。かれらは、土地や家畜を資産として保有し、拡大していき、没落した農民を隷属させていった。

「富豪の輩」は一方で、自分たちの土地を、中央の有力者たち、上級貴族や寺社に寄進《きしん》する。つまり、有力者たちの所有にする。自分はその「家人《けにん》」(家来《けらい》)になって、身分的に従属することもある。それは、「国司《こくし》」(地方はそれぞれ「国」といわれ、そこに派遣された役人が「国司」である)の管轄から離れ、徴税を逃れるためである。

このことは、「荘園《しょうえん》」の誕生を促《うなが》すことになる。まず、もともとあった、天皇の命《めい》(勅旨《ちょくし》)によって設定された皇室領(「勅旨田《でん》」)が荘園になっていく。そして、いま述べたような、上級貴族や寺社への寄進によって、その土地が荘園になっていく。荘園は、国家の支配からはずれた私有地である。

九世紀後半には、「名《みょう》」という新しい制度が現われる。「名」というのは、国衙《こくが》(国司が管轄《かんかつ》する「国」の役所)が、「公田」(国有地)を耕作する人(たとえばAさん)を、たとえば「A名」などと名付けるのである。このようなあり方を「負名《ふみょう》体制」(名を負《お》う)と呼ぶ。「名」の経営者は「田堵《たと》」という。有力な田堵は「大名田堵」と呼ばれる。田堵の耕作地は面積などが計られ、「負名検田帳《けんでんちょう》」に登録され、課税される。

もともと国司《こくし》（国家から地方に派遣された役人）には、守《かみ》（長官）・介《すけ》（次官）・掾《じょう》（判官）・目《さかん》（主典）という役職の区分（四等官《しとうかん》）があった。この国司たちは、連帯して税の徴収にあたることとされていたのである。しかし税が思うように収納できず、納期が遅れたり、粗悪品が出てきたりという状況に対応するために、国家は九世紀後半に、「最上位の国司」（基本的には「守」）に責任をとらせる方法に制度を変えた。この国司を「国守《こくしゅ》」という。

「国」は複数の「郡」から構成されており、その地域を支配していた有力者は「郡司《ぐんじ》」であった。しかしその力がしだいに低下してきて、「受領《ずりょう》となった国司」（国守）の権限が増大していく。いまや、受領が国衙領《こくがりょう》の管理を任《まか》され、受領は有力農民を田堵《たと》として、田堵にその農地の経営の責任を持たせるのである。租税の上納は、受領の責任である。

なお「受領《ずりょう》」は、現代の受領《じゅりょう》と同じ言葉である。国司の役を前任者から文書で「受け取る」ということからきている。

受領たちは、その土地に住みついて財を蓄えて、天皇家や摂関家にとり入る。また天皇家や摂関家も、自らの家司《けいし》（家の事務を担当する職員）に多くの受領を抱えるようになっていく。お互いが支え合うのである。そうなると、国衙領（国有地・公領）も荘園（私有地）も、同じような経営になっていく。いずれも、土地に密着した有力者（国衙領は受領、荘園は荘官）が取り仕切っている。したがって、この時代の土地制度を「荘園・公領制」と呼ぶのである。

なお、受領や荘官（下司《げし》や公文《くもん》など）も、それぞれの代官（代理人）を従えており、一二世紀以降には実質をかれらに任せて、現地に行くことがなくなる。その結果、力関係によって、実際の支配力を下位の者に奪われるケースも出てくる。

地方（それぞれの「国」）や荘園から租税を徴収して、それを上納するという仕事は、いろいろな困難を伴った。その責任は、受領や荘官が担うことになっているが、武力なしに徴収することはしだいに困難になっていった。

それに、その受領や荘官たち自身が上納を拒んだりする。また、かれらが正直に上納しようとしても、それを盗賊や海賊が襲う。そうでなくても、襲われたことにして、上納額をごまかすこともあった。このような事態が起こると、受領や荘官たちの武装と、その強化はいっそう進むことになる。

「イエ」の成立

ここで、話が変わるようだが、「イエの成立」に触れておきたい。日本の平安時代は、各方面に「イエ（家）」が成立していった時代であった。イエとは、古い時代の「ウジ（氏）」という大きなまとまりが、それぞれの家族単位に分割されていったものである。まず、天皇家・摂関家・上級貴族におけるイエの成立が先行した。イエが成立して、そのイエの職務（家職《かしょく》・家業《かぎょう》）が固定化していく。

天皇家のイエについてみる。天皇になることのできる一族（ウジ）は、もともとは大きな広がりを持っていた。その中から、特定のイエだけが天皇になることができるように絞り込んだのが天皇家のイエである。

天皇がまだ若いうちに引退して「上皇《じょうこう》」（「院《いん》」ともいう）になって、「院政《いんせい》」をしく。上皇になれば天皇ではなくなるが、天皇家の家長《かちょう》であることに変わりはないので、その立場を利用して実権を握っていくのである。そして、天皇の地位は、他の一族を排して、自分の子や孫からしか出せないように仕組んでいった。

貴族のイエについてもみておく。院政の前は「摂関《せっかん》政治」の時代だった。その最盛期に藤原道長《ふじわらのみちなが》があった。かれは、多くの藤原氏一族の中で、自分の系統のイエだけが摂政《せっしょう》・関白《かんぱく》になれるように絞り込んでいった。

また、中・下級の貴族では、それぞれのイエが特定の職種を世襲するようになっていく。職務内容の専門化がすすみ、他家の者にはまねのできない家職・家業が成立する。すると、それぞれのイエでノウハウが蓄積され、関係資料も蓄積し、専門的な仕事を若いうちから習得できるようになる。

例えば、医道の和気《わけ》氏・丹波《たんば》氏、陰陽道《おんみょうどう》の賀茂《かも》氏（安倍清明《あべのせいめい》もこの流れ）などである。歴史物語を著わすイエもあり、和歌のイエや芸能のイエも、蹴鞠《けまり》のイエもある。また、寺院や神社でも、寺家《じけ》・院家《いんげ》・社家《しゃけ》が形成されていく。

さて、武力を持って戦うには、武具を確保し、その使用訓練をくりかえし、戦術を鍛《きた》えていくことが必要である。それらのことが子孫たちに受け継がれていく。これが武士のイエ、すなわち武家である。戦うことが武家の家職である。武家の家職は皆同じなので、イエごとの差異は支配する地域の差異となる。そして、その地名をイエの名とする場合が多い。

武家の成立は、このように、いろいろな分野のイエの成立と対応したものであった。

もともと、貴族社会の中での武官たち（役人）の身分は低いものだった。それが、「国」の公領を管理する任務を負うようになると、欠くことのできない存在となっていく。武力がモノをいうことが明らかになってきたからである。国家はこの武官たちを格上げしていく。武官がしだいに権力の中枢《ちゅうすう》に近づいていった。

なお、百姓のイエが成立するのは、もっと後のことである。

武士誕生につながる戦乱

武士の発生につながった戦乱には、まず天慶《てんぎょう》の乱（平将門《たいらのまさかど》の乱と藤原純友《ふじわらのすみとも》の乱）があった。乱はともに天慶二（九三九）年に起こり、三年と四年に終わっていて、それ以前の承平《じょうへい》の段階ではまだ謀反《むほん》（当時は「むへん」といった）にはなっていない。そのため、今では「承平・天慶の乱」とはいわない。

天慶の乱の歴史的意義は、それが武士の発生に関わっていることである。とはいっても将門や純友が武士だったのではない。彼らの乱を鎮圧した武力、藤原秀郷《ひでさと》や平貞盛《さだもり》も、まだ軍事貴族であって、武士ではない。古代国家は、武力紛争に対処できるような常備軍を持っておらず、問題が起きた時に、軍事貴族の誰かに平定するように申し付けるのである。武士は、かれらの子孫から生まれてくる。

武士発生につながった第二の戦乱が平忠常《たいらのただつね》の乱で、一〇二八年に起きている。天慶の乱から数えて九〇年のちのことである。下総《しもうさ》・上総《かずさ》を勢力基盤としていた忠常（貞盛とは系統が異なるが、高望王の三代目）が、安房《あわ》に侵入して国府《こくふ》を襲撃し、国司《こくし》を殺害した。中央に反乱する意思はなかったものの、朝廷は追討《ついとう》させる。軍事貴族である源頼信《よりのぶ》が派遣され、成果をあげた。頼信の武名《ぶめい》は大いにあがる。このことが東国における源氏勢力拡大の重要なきっかけとなっていったのである。

武士が生まれていくその後の経過には、簡単に触れるだけにする。その直接のきっかけとなったものに、一〇五一年からの前九年《ぜんくねん》の合戦、一〇八三年からの後三年《ごさんねん》の合戦という東北地方における戦《いくさ》があり、ここでは源氏が活動し、奥州《おうしゅう》藤原氏の成立を促した。一方、西国《さいごく》で活躍し、「院」に接近して、平氏が台頭していくのは一一三〇年代である。この状況のなかで、院・天皇や上級貴族のなかでの対立が、源氏や平氏の武士を巻き込んで、一一五六年の保元《ほうげん》の乱、一一五九年の平治《へいじ》の乱を引き起こした。このことによって、中央の権力に武士の力が決定的な位置を占めるようになる。

なお、九州（鎮西《ちんぜい》）にいた源為朝《ためとも》は、その乱暴ぶりを朝廷に知られて、父・為義《ためよし》が役を下げられたとき、謝罪のために上京した。そこに保元の乱が起こって参戦したが、敗れて伊豆大島に流罪となった。その後の経過に不明な点があることから、各地に（沖縄だけでなく）その「渡来伝説」が生まれた。

武士の世になる

保元の乱について、天台座主《てんだいざす》（天台宗延暦寺《えんりゃくじ》の住職で、一門を統括する職）の慈円《じえん》は、『愚管抄《ぐかんしょう》』に「保元元年七月二日、鳥羽《とば》院ウセサセ給《たまい》テ後、日本国ノ乱逆ト云《いう》コトハヲコリテ後、ムサノ世ニナリニケルナリ」と記した。「鳥羽上皇が亡くなってあと、日本国は〈乱逆〉ということが起こって、武者《むしゃ》（ムサ）の世になってしまった」というのである。都が戦場となって、身分の高い貴族が戦死し、上皇が流罪となるといった異常事態だけでなく、武者の力が中央の政治情勢を大きく左右するようになった点に、慈円は「時代を区切るしるし」を見出したのである。慈円は、関白・九条兼実《くじょうかねざね》の弟である。

武士は、次のようにして成立した。一〇〜一一世紀半ばは、まだ「在地領主」ではない。それに至るまでは、「国衙《こくが》領の公田」や「荘園の田」を管理していた。国衙を管理するのが国司（受領《ずりょう》）であり、荘園を管理するのが荘官である。上級貴族や大寺社の公的な収入は国家から支給されるが、「物」ではなく「人」（「封戸《ふこ》」）を何人・何戸という形で支給された。受領は、その人びとの働きの成果（封物《ふうもつ》）を、田堵《たと》や負名《ふみょう》に割り当てて責任を持たせ、彼らから徴収して「封主《ふうしゅ》」である上級貴族や大寺社に届けていたのである。

しかし、一一世紀半ばになると、武力の保持者たちは、国衙領の土地や荘園そのものを自らの所領として、それを所有し経営する領主、つまり「在地領主」になっていたのである。どうしてこのような変化が起こったのか。国衙領や荘園の経営と、租税の徴収は、しだいに武力なしには困難になっていったからである。国家も、上級貴族などの封主も、かれらの武力に頼るようになっていった。こうして、受領や荘官は「在地領主」、すなわち「武士」になっていく。

その棟梁《とうりょう》（有力武士）には、源氏《げんじ》・平氏《へいし》・藤原氏《ふじわらし》など、天皇や上級貴族の血筋を引く「高貴な」イエの出身であることが求められた。

桓武《かんむ》天皇から「平氏」の姓を賜《たまわ》った高望王《たかもちおう》（平高望）から「桓武平氏」が始まる。将門の乱平定の功労者である平貞盛は、その孫にあたる（将門も同じく高望王の孫である）。貞盛はその後、東国を離れてやがて「伊勢《いせ》平氏」（第1話に出てきた）の祖となる。貞盛の三代あとに正盛がくる。正盛《まさもり》—忠盛《ただもり》—清盛《きよもり》と続く。

もう一人の功労者である藤原秀郷《ひでさと》は、東国にとどまって、その子孫は下野《しもつけ》から北関東一帯に根を張った小山《おやま》氏など、有力豪族となっていく。これを「秀郷流藤原氏」という。

他方、純友の乱を平定した功労者の一人が源経基《みなもとのつねもと》（清和《せいわ》天皇の孫）である。経基は、追捕使《ついぶし》次官として活動した。

源氏は「嵯峨《さが》源氏」として始まる。源氏も平氏と同じく、賜姓《しせい》すなわち天皇から賜った姓である。天皇の子であるが（それは大勢いるので、その一部を）、臣下に下ろして、姓を与えるのである。といっても、平氏に比べて源氏にははるかに多くの流れがある。いろいろな代の天皇から生まれたのである。そのため、各地に源氏の一族が根を張っていった。

当初の嵯峨源氏・村上源氏は、中央の官僚として活躍した。「清和《せいわ》源氏」は、武家として展開していく。経基の子・満仲《みつなか》をへた孫の代には、頼光《よりみつ》の「摂津《せっつ》源氏」、頼親《よりちか》の「大和《やまと》源氏」、頼信《よりのぶ》の「河内《かわち》源氏」と、それぞれの発展を遂げていく。なかでも河内源氏が、頼信—頼義《よりよし》—義家《よしいえ》

―義親《よしちか》―為義《ためよし》―義朝《よしとも》―頼朝《よりとも》と、武家としての源氏の主流になっていく。

按司とは何か

沖縄の按司《あじ》に話を戻そう。按司は後世には身分の名となるが、このいわゆる「グスク時代」には文字史料がないので、一五三一年以降に編集された「おもろさうし」に出てくる語句を使って、按司は論じられている。ということは、按司がいつ、どのようにして生まれたかは何もわからないのである。

外間守善《ほかましゅぜん》『沖縄の歴史と文化』（一九八六年）は、按司《あぢ》の語源とみなされる「あさ」について、次のように述べている。「オモロ語に〈あさ〉（もしくは〈あさい〉）という語がある。〈あさ〉は親の同義語として使われていると同時に、集落の長老、一般から尊敬されている男の呼称として使われ、さらに族長的性格から脱皮したさらに大きな部族集団の支配者を意味するようにも使われている」。そして「やがて一地方の政治的な領主に成長する英雄たち」が生まれると続けている。それには「大や（大屋）」「てだ（太陽）」「世のぬし」「あぢ」がある。

「あさ」「あぢ」という語は、親、集落の長老、尊敬されている男、部族集団の支配者に使われ、そこから「政治的な領主」などの意味に使われ、また変遷している、という。一方で「オモロの時代推定はなかなか難しい」ともいう。

これらのことからいえることは、言語の側から歴史を推測するのではなく、歴史の側から言語を解釈する必要があるということである。

いわゆる「グスク時代」はようやく農耕が始まったばかりであり、その農耕や漁労などの姿もよく分かっていない。そのような時代にあった按司を、支配者であると思いこまないことが大事である。按司は、地域共同体の指導者ではあろうが、支配者ではないであろう。

沖縄に武士なし

これまでにも、按司は武士ではない、沖縄には武士は生まれなかったと論じた者はいた。沖縄史に武士がいないことを、はじめて指摘したのは新里恵二《しんざとけいじ》である。新里は『沖縄史を考える』(一九七〇年、原本の初出は一九六一年)で、時代区分を論じているが、その中で「封建制の時代はなかった」ことを提起した。「私は、沖縄の歴史には、幕末に至るまで、言葉の厳密な意味での封建制の時代は、なかったのではないかと考えているのです」。

また、こうもいっている。「按司や地頭たちは、日本史でいう〈知行《ちぎょう》〉として土地を宛行《えんこう》される「宛《あて》がわれる」のではなく、日本の古代国家における〈職《しき》〉のように、その地位につけられるのだと思います」。つまり、土地を支配させるのではなく、役職についているだけというニュアンスであろう。沖縄史の按司たちは、武士ではないということである。

新里の議論にはいろいろ問題もある。たとえば「言葉の厳密な意味での封建制の時代は、なかった」というが、厳密にしなくても、「封建制の時代はなかった」のである。それでも、結論としての「封建社会なし」、「武士なし」という指摘は、先駆的意義を持っている。

平恒次《たいらこうじ》は『日本国改造試論―国家を考える』（一九七四年）で、「現時点における日本と琉球の差異を、現代日本と古代日本のようなものであるといってみるとすれば、琉球の文化的異質性がはっきりしてくると思う。要するによきにつけあしきにつけ、現代日本の礎石である武家時代が、琉球史には完全に欠落しているのである。現代日本を〈サムライ〉抜きに考えることはできないけれども、琉球には〈サムライ〉はいないのである」と言っている。

外間守善『沖縄の歴史と文化』は、次のように述べている。「沖縄史の按司《あぢ》の出現は、日本史上における武士の勃興《ぼっこう》とほぼ時を同じくするものであるが、按司の歴史的性格は、中世の武士に比較するより古代の土豪に比べるべきであろう」。登場する時代が同じであっても、沖縄はまだ「古代」であって、「中世の武士」ではなく、「古代の土豪」と比較すべきものだというのである。

大城立裕《おおしろたつひろ》は、その著『休息のエネルギー―アジアのなかの沖縄―』（一九八七年）で、「封建時代がなかったこと」と題した章を設けている。「沖縄の博物館には刀剣《とうけん》、甲冑《かっちゅう》のたぐいが飾られていない」ことを示して、「土地の私有制が発達しなかったために、武力集団が武士という階級を創るまでにいたらず、したがって主従のあいだに忠義を中心とする武士道のモラルが育つこともなく、したがって、武器に倫理的な価値観と、それにつながる美学がそなわることもなかったわけである」と、述べている。「武士階級が生まれない国では、〈サムレー〉という言葉は文字通り〈侍〉すなわち〈仕《つか》える〉という意味であって、武力とは関係なく古代貴族そのものの流れであった。家の誇りの象徴は刀剣、甲冑ではなく三線《サンシン》であった。床の間には三線をかざった」。

大城は「武力集団」の存在に疑問を持っていないが、「封建時代なし」、「武士階級なし」と論じている。

田名真之《だなまさゆき》は、「身分制—士と農」（共著『新琉球史・近世篇下』のうち、一九九〇年）で近世の身分を論ずるとき、「古琉球期［近世より前］の沖縄では、近世身分制の前提となる戦国時代も、武士団も存在しなかった」と述べている。そして「自立への模索」（共著『琉球・沖縄史の世界』のうち、二〇〇三年）でも、次のように述べている。「近世首里王府の官僚は、おおむね古琉球の官僚・役人の系譜を継いでいるが、日本の中近世の役人とは、その成立過程の様相を異にしている。というのも、日本の社会では中世に誕生した武士が近世には封建官僚となっていったが、古琉球社会は武士を誕生させず、近世琉球にも武士は存在しなかったからである。「近世の」琉球の役人はいわゆる武士ではないのである」。

このように、沖縄史には武士は登場しない。武士が生まれる状況もなく、武力で戦う状況もなかったのである。

第4話

琉球王国はなぜできたか

琉球列島は、小さな島々からなっている。この地に「王国」ができたということは、何か不思議なこと、珍しいことだといえるであろう。ではなぜ、この地に「王国」ができたのだろうか。それは、社会の発展の積み重ねの上に、自らの力で造り上げたものではなかったのである。一三～一五世紀の沖縄は、原始からの脱出過程で、農耕が少しずつ広まっていった時代であった。そのような沖縄に「王国」ができたのは、「内から」の力ではなく、「外から」の働きかけがあったからである。

なお、琉球の正史、すなわち『中山世鑑《ちゅうざんせいかん》』『中山世譜《せいふ》（蔡《さい》鐸《たく》本）』『中山世譜（蔡温《さいおん》本）』『球陽《きゅうよう》』は、この時代からははるかに隔たった二五〇年以上も後になって書かれたもので、その記述の多くは、ほぼ「神話」のようなものである。そのこともまた、「内から」王国ができたことを否定しているといえる。

最初の人物・察度（王）

沖縄史上で実在していたことが疑われない最初の人物は察度《さっと》である。その名は、琉球の正史にあるだけでなく、中国の正史、『明実録《みんじつろく》』に出ているからである。それは、察度が、一三七二年に「琉球国中山王《ちゅうざんおう》」として「明」に朝貢《ちょうこう》したことを記している。

琉球の正史はその時代時代に書かれたものではなく、ずっとあとになって書かれている。しかし、中国・朝鮮・日本の正史は、ほぼ同時代に書かれているので、その信頼度は格段に異なる。もちろん、それも批判的に検討すべきではあるが。

なお、正史による察度の記述でも、朝貢以外の、誕生や婚姻などは、次に見るように「神話」にすぎない。なお、「さっと」ではなく、「さと」「さとぅ」すなわち「わが君」（女が男に対して言う）という沖縄語を漢字表記したのでは、という意見もある。ともあれ、その誕生は、あちこちにある「羽衣《はごろも》伝説」をなぞったもので、彼は「天女《てんにょ》の子」とされている。また、その婚姻は、勝連按司《かつれんあじ》の娘との間で成立するのであるが、その娘のインスピレーション（直観）で選ばれたというのである。

そして、黄金のありがたさを知らなかった察度に、その妻がそのことを教えたという。その黄金が畑のあちこちに転がっていたというが、金銀の取れない沖縄ではありえないことである。察度以外のすべての人も、黄金のありがたさを知らなかったことになるが、「ない」のであるから当然であろう。

さらに、日本の商船が鉄を運んで来るので、察度はそれを買い占めて、人びとに配り、農具を作らせたともある。鉄を売りに来る日本人は多くいたというのだから、買う人も多くいたはずである。察度が間に立たなくても、人びとに行き渡っていたはずのものを、察度が買い占めたということになり、話の筋道が立たない。

以上のような「徳」を評価されて、察度は浦添《うらそえ》按司になったという。それは民衆に推《お》されたかのように描かれている。その浦添按司・察度が、さらに「君」に引き上げられた。その「君」は、浦添から首里に移って、「中山王」になったということのようだが、すべて「お話」であり、具体性と合理性に欠けている。

したがって、察度に関するこのような正史の記述を、史実と認めるわけにはいかない。なお、察度が「国造り」に励んでいたとは書かれていない。

明の建国と海禁政策

一四〜一五世紀という時代は倭寇《わこう》が出没していた時代である。九州北方・西方の、今の長崎県にある対馬《つしま》・壱岐《いき》・五島《ごとう》列島、そして朝鮮半島南方の済州島《チェジュド》などを主な拠点とする人びとが、朝鮮半島や中国大陸などで、略奪行為をくりかえしていた。倭寇は日本人が中心だが、朝鮮人も中国人も参加していた。かれらは国境意識のない境界人（マージナルマン）だった。

当時の東アジアでは、そのような、倭寇でもある海商たちが、その居住地を離れて、各地に出て行って広く活動していた。この海商たちは、各地の物産を扱うだけでなく、人身をも、いわば奴隷として交易していた。彼らは、交易がいろいろな事情でうまくいかない時には、いきなり武力を行使することがあった。つまり、海賊・倭寇になるのである。

このような時代背景が、この沖縄の地に「国家」を生み出すのである。

海商たちと琉球の関係は、はじめのうちはたまたま琉球の島々に立ち寄った程度だったが、時代の状況が変化してきて、島々に居ついて交易する人びとも出てきた。海商たちが沖縄地域にも住みつくようになるのは、一四世紀の後半からである。彼らが琉球の島々を通る航路を選び、そこに居つくようになったのは、対立する倭寇の妨害から少しでも逃れるためであった。

そのきっかけは、中国の元《げん》の時代の末期に、争闘が盛んに起こり、時代がけわしくなってきたことにあった。博多《はかた》や長崎あたりから、東シナ海を横切って、中国大陸の寧波《ニンポー》・明州《めいしゅう》などの港に直接わたる航路（大洋路）は、危なくなった。そこで、九州の西側を通って南下し、肥《ひ》後の高瀬《たかせ》・薩摩半島・琉球列島を経由するようになったのである（南島路）。

元《げん》を倒し明《みん》を建国した朱元璋《しゅげんしょう》は、建国するとすぐ、周辺諸国に朝貢を求めた。建国元年の一三六八年には高麗《こうらい》（朝鮮半島）と安南《あんなん》（今のベトナム北部）に、六九年には日本と占城《チャンパ》（今のベトナム中部）・爪哇《ジャワ》などに、七〇年にはアユタヤ（今のタイ）、カンボジア、マラッカ、ブルネイ（ボルネオ島）に、使節が派遣された。

次いで、一三七一年に「海禁《かいきん》」政策を打ち出す。明の成立過程で対立していた国内の海洋勢力を抑《おさ》えるためにとられた政策である。これ以後は、中国人が外国に出ていくことが禁じられただけでなく、そのときすでに外国に住んでいた中国人たちは、中国に帰ることもできず、交易自体ができなくなった。中国と交易できるのは、「朝貢国」に限られたからである。

この海禁政策は、宋―元と続いてきた東アジアの交易の隆盛に逆行するものであった。社会的に交易が求められているのに、それを抑制するのであるから、この政策は逆に、倭寇の活動（裏ルート）を誘発することにもなった。

中国という国は、以前から、自らを「世界の中心」（中華）であり、「皇帝」という称号は中国だけが使えるものであるとし、周辺の国々は「遅れた地域」「野蛮な地域」（四夷《しい》）だとして、この「中華」に礼をとる（「朝貢《ちょうこう》」「進貢《しんこう》」という）ように要請した。朝貢してくる者に対しては、皇帝がその地の「王」などに任命する（「冊封《さくほう》」という）。このように、朝貢品に応えて、それ以上の物品を与える（「下賜《かし》する」という）。当時の東アジアのこのようなありかたを「華《か》夷《い》秩序」という。

このような中で、室町《むろまち》時代の日本だけは明《みん》の呼びかけに応じなかった。明は、日本とだけはなかなか関係が結べなかったのである。当時の日本の状況を見ておく。

一三三三年に鎌倉《かまくら》幕府（武家政権）が倒れ、後醍醐《ごだいご》天皇による「建武《けんむ》の新政」が始まったが、それはすぐに壊《こわ》れた。当初は味方しすぐに反対に回った足利尊氏《あしかがたかうじ》によって「幕府」が開かれた。後に京都の室町を御所としたので、室町幕府といわれるようになる。武士の世の中を終わらせて、天皇の復権を図った後醍醐の願いはかなえられなかったのである。

ただ、後醍醐は京都から奈良の吉野《よしの》に拠点を移して、「南朝」といわれる政権を残し続けたので、ここに「南北朝《なんぼくちょう》時代」となった。それは半世紀におよぶ動乱の時代であった。室町幕府は、政権内部で対立・抗争をくりかえし、その一方が「北朝」を支持し、他方が「南朝」を支持するというようなことが続いた。

このように中央の政権が乱れているので、各地に基盤を築いている守護《しゅご》などの力はしだいに強くなっていった。幕府の統制はきかない。武士は武力によって領地を拡張していくが、この動きを抑えることはできない。国衙領《こくが》（国有地）も、荘園《しょうえん》（私有地）である天皇家領・貴族領・有力寺社領も、武士たちに侵食されていった。

明から日本への働きかけ

そのころの九州は、室町幕府の手の届かない状況にあった。足利氏は、「九州探題《たんだい》」を設けて一色《いっしき》氏に担当させた。しかし、以前から九州に根を張っている少弐《しょうに》氏・大友《おおとも》氏・島津《しまづ》氏などの反発を受け、権力をしっかりと築くことはできなかった。そのような状況のなかに、まず、後醍醐天皇の子・懐良《かねよし》親王が九州に入ってきて、肥後の菊池《きくち》氏と結んで勢力を張った。次いで、足利尊氏が征伐した弟・直義《ただよし》の養子・直冬《ただふゆ》（尊氏の実子）が九州に入ってきた。一時、九州は一色氏（幕府方）・直冬（非幕府方）・懐良（南朝方）という三派に分かれていたのである。結局は懐良が平定して、大宰府《だざいふ》（九州を管轄していたかつての政庁）のあとに「征西府《せいせいふ》」を置いた。一三六一年のことである。

明は、日本への働きかけをくりかえした。まず、建国の翌年、一三六九年に使者を日本に派遣したが、その使者たちは日本に到達する前に、賊に殺された。翌七〇年にも使者を送ったが、応対したのは九州の懐良《かねよし》親王だった。懐良は明の使者七人のうち五人を殺して、楊載《ようさい》ら二人を帰した。それでも明は、次の七一年にも使者を派遣してきた。懐良は渋ったが、使者の趙《ちょう》秩《ちつ》・楊載らの説得を受け入れて、同年一〇月、返礼の使者（僧・祖来《そらい》）を明に派遣して、「臣下」となることを表明した。明はこれを良しとして、同年、懐良（明の史料には「良懐」とある）を「日本国王」に冊封（任命）した。

明・洪武帝《こうぶてい》は、一三七一年、懐良の冊封を告げる使者たち（仲猷《ちゅうゆう》・無逸《むいつ》ら）をさっそく九州に派遣したが、その時の九州はもはや懐良の時代ではなく、室町幕府から派遣された今川了俊《いまがわりょうしゅん》（貞世《さだよ》）の支配が確立しつつあった。使者は了俊に捕えられたが、懐良あての明皇帝の手紙（詔書）の宛先を、日本の真の支配者、つまり京都にいる足利義満《よしみつ》あてに切り換えた。使者たちは博多に留め置かれていて、ようやく一年後に京都に上ることが許された（楊載は博多に残った）。義満らと交渉した結果、義満は返礼の使者を派遣することにした。彼らは一三七三年に、仲猷・無逸らの帰国に同行した。しかし洪武帝に拒否される。「日本国王」は懐良であるというのである。

なお、明が「日本国王」に期待していたのは、倭寇の鎮圧だった。そのことを理解している義満は、使者には、倭寇に拉致《らち》されていた明や高麗の民一五〇人などを同行させた。それでも、義満の朝貢は受け入れられなかったのである。一三八〇年の、義満二度目の使節派遣も同様だった。

琉球王国の成立

ここで「琉球」が登場してくるのである。明の使者の一人であった楊載《ようさい》が、博多で「琉球」の存在を聞かされ、一三七一年一〇月、明への帰り道に「琉球」に立ち寄った。楊載は、日本との交渉が難航しているなかで、「琉球」との「朝貢－冊封関係」の樹立を考えた。彼は「琉球」にいた中国人海商の助けを得て、その地のリーダーたちと接触し、段取りを決めていたのだろうと考えられる。そのリーダーが察度《さっと》だったのである。

翌七二年二月、楊載は明の使者として改めて「琉球」にやってきた。察度はすぐに対応して、一二月、楊載らの乗ってきた船に弟・泰期《たいき》を乗せてもらって明に行かせ、朝貢した。「琉球」は船を持っていなかったのである。朝貢には様式の決まった文書を提出することが必要だが、その文書を作成したのは、「琉球」に在留していた明人であろう（あるいは楊載自身が作成したとも考えられる）。察度は「琉球」として対応したが、それは「明」あるいは「琉球に在留していた明人」に促されたのであって、その時まで自分たちの土地を「琉球」といっていたわけはない。「リュウキュウ」は中国の側からの昔からの呼び名である（表記は流求・瑠球などと一定していなかった)。そして、「国家」という実態もなかったのだが、朝貢し、明はそれを承認して、察度は「琉球国中山王《ちゅうざんおう》」に冊封(任命)された。ここに「琉球王国」が成立したのである。

ここまで、「琉球」をカッコつきで描いたが、以後はカッコをはずす。

明は、日本との交易の窓口として、琉球を利用しようとしたものであろうと考えられる。明の海禁政策は国内の反対勢力への対策であって、周辺諸国との交易を断つことが目的ではなかった。日本との交渉がうまく進まない状況で、琉球を「国」に仕立て上げ、そこを介する日本との交易を望んだのであろう。琉球そのものには特別な物産はないので、琉球にできることはほぼ日本との仲介だけだった。そのためには、琉球に居住している中国人・朝鮮人・日本人などを利用する方が得策である。彼らのなかには倭寇的な人びとが含まれていただろうが、それには目をつむり、朝貢関係の中に閉じ込めて、交易を優先しよう、というのである。そして琉球は、明や日本との交易品を求めて東南アジアにも手を伸ばしていく。

このように、交易の主体は琉球にあったのではない。琉球にいる中国人たちが主体であって、かれらが朝貢国・琉球をつくらせて、利用したのである。そして、東南アジアにもいる華僑《かきょう》たちと連携して進めた(華僑は、外国に滞在している中国人のこと)。

琉球王国成立についての諸説

このテーマに関わるこれまでの論者の議論を紹介しよう。私の議論は、これらに学んだものであって、独創ではない。

村井章介《むらいしょうすけ》には、多くの論考がある。まず、「古琉球と列島地域社会」（琉球新報社編『新 琉球史―古琉球編―』一九九一年）では、琉球王国ができたことについて、「明が海外産物入手のための機関として、琉球という国家を自己の体制のもとに組織した、ともいえる。貿易商社〈琉球王国商事〉の設立だ。勤める社員は〈閩人《びんじん》三十六姓〉をはじめ多くが中国人である。海禁で行き場を失った中国商人は、琉球の国営貿易の請負に、合法的な活動の場を見出したのだ」と述べている。

村井はほかにも、『海から見た戦国日本―列島史から世界史へ―』（一九九七年。のち『世界史のなかの戦国日本』と改題して再刊、二〇一二年）、「分裂・動乱と民衆の成長」（共著『日本史』二〇〇八年のうち）、共編著『倭寇と〈日本国王〉』（二〇一〇年のうち）、「古琉球をめぐる冊封関係と海域交流」（共編著『琉球からみた世界史』二〇一一年のうち）でも、ほぼ同じ趣旨のことを述べている。

岡本弘道《おかもとひろみち》『琉球王国海上交渉史研究』（二〇一〇年。初出は一九九九年）は、次のようにいう。明は「琉球という新興勢力を朝貢体制の中へより積極的に組み込み、海禁令の下では密貿易者とならざるを得ない海商勢力に対する一種の〈受け皿〉とすることによって、アジア海域世界の状況を〈礼的秩序〉のもとに収斂《しゅうれん》させていく路線」を選んだ。加えて、琉球に対しては優遇政策をとったが、それは「従来強力な王権が存在せず、中国との外交関係も存在しなかった東シナ海世界［その中の琉球－来間］に、新たな海上交易勢力を育てる意図があったと考えられる」。「受け皿とする」というのは、海商勢力に逃げ道を与えた、ということであろう。

原田禹雄《はらだのぶお》『琉球と中国―忘れられた冊封使』（二〇〇三年）は、明が「察度を琉球国中山王に仕立てあげた」のだろうと、述べている。

田名真之《だなまさゆき》「古琉球王国の王統」（共著『〈新版〉沖縄県の歴史』二〇〇四年のうち）は、「三山期の交易の種々の問題は、彼らが交易の利を得るため三山の進貢を主導したから、と解される」といい、「彼ら」すなわち渡来中国人たちが「主導した」と述べている。また、「琉球への招諭《しょうゆ》使《し》［楊載《ようさい》］の派遣」は、日本が「冊封体制に参入しない」ので、実施されたという。

赤嶺守《あかみねまもる》『琉球王国―東アジアのコーナーストーン』（二〇〇四年）は、次のようにいう。「この一三七二年［洪武《こうぶ》五年］の中国と琉球の進貢関係を樹立した楊載《ようさい》の派遣は、エポックメーキングな出来事であったが、じつはこの琉球の入貢の背景には、招撫使《しょうぶし》として日本に入貢の招論をもたらした楊載が、九州で琉球のことを聞きおよび、直接中国に戻ることなく琉球に立ち寄り、福建経由で南京に戻り、琉球情報を洪武帝《こうぶてい》にもたらしたことに起因していた。楊載は洪武五年以前に琉球に渡来し、事前に察度と接触を試みていたのである。強力な統一王権が存在せず、中国との外交関係も存在しなかった東シナ海世界に、新興の〈琉球王国〉という海上交易国家を生みだす契機は、この招撫使の楊載がつくりだしたともいえる。察度は入貢の意味について事前に楊載から知らされており、洪武五年に皇帝の入貢を促す〈詔書〉が届くと、ただちに入貢している。進貢国となるという察度の意志を公式に伝えるために派遣された泰期《たいき》一行は、楊載の帰任の際にともに渡海し、当時の明の首都であった南京の宮殿で入貢のセレモニーに臨んでいる」。

上里隆史《うえざとたかし》「琉球王国の形成と展開」（共著『海域アジア史研究入門』二〇〇八年のうち）は、「琉球」（王国）を、倭寇などが作り上げている「民間主導のネットワーク」（多くの地域を結びつけているもの）の中にとらえ、いくつもあるその拠点の一つとしてとらえることの必要性を指摘している。また、「彼ら海商の寄港地として利用されたのが〈浮島《うきしま》〉と呼ばれた天然の良港、那覇であった。那覇は従来、王国の港湾拠点としての性格が重視され、その成立も琉球の現地権力によるものとされてきたが、むしろ南島路を往来する民間交易勢力により自然発生的に港《こう》市《し》として形成されたとみるのが自然である」とも述べている。

また、上里「琉球の大交易時代」（共著『倭寇と〈日本国王〉』二〇一〇年のうち）も、この問題に言及している。上里は「琉球王国の成立」そのものを話題にはしていない。しかし、琉球が交易路として重視されてきて、中国人などが沖縄・那覇に住むようになったこと、他方で、明は日本との交渉がうまくいかないので、その代わりに琉球に注目し、そこに「テコ入れ」した、つまり琉球を国家に仕立てた、という筋書きで理解しているといっていい。

安田次郎《やすだつぐお》『走る悪党、蜂起する土民』（二〇〇八年）は、明からの働きかけ、懐良《かねよし》親王の対応、今川了俊の登場、足利義満の冊封難航、琉球王国の成立の流れを、連続的にくわしく描いているが、ここでは紹介を省く。

榎本渉《えのもとわたる》『僧侶と海商たちの東シナ海』（二〇一〇年）は、「琉球は明の貿易センターになった」、「琉球は明の貿易制限があって初めて海域の核となり得た」と述べている。また、次のようにもいう。琉球の「繁栄」は、琉球自らの「経済発展」の結果ではなく、中国が海禁政策＝貿易制限政策をとったため、中国商人たちは「逃げ場」を求めて、琉球を利用した、その結果として王国ができたのであり、海禁政策が緩《ゆる》んでくると、琉球の役割は低下するのである、と。

このようにして、中国が主導して、一三七二年に察度が朝貢を開始した。このことによって、この年に、琉球王国は成立したのである。それは当然に、浦添を中心としたごく狭い地域に成り立った「王国」にすぎなかったことであろうが。

これまでの歴史家は、例外なく、王国の成立を「三山統一」としている（第5話で扱う）が、明の皇帝が察度を「琉球国中山王」と認めたことによって「琉球国」はできたのである。統一されなければ「国」ではないだろうか。しかも、その統一はまだ十分ではなかったといわれているのである。

察度の朝貢

察度の業績について、『球陽』の記述を見ておく。しかし、そこには一三四九年に即位してから二〇年も後のことしか出てこない（そのことは、先に紹介した察度の出自などについての神話的記述を採用せず、退けたものであろう）。出てくるのは唯一、明《みん》への朝貢である。

要点を記す。明の太祖が察度王に詔《みことのり》を届けてきた。使いは楊載《ようさい》であった。察度王はこれを受けて、すぐ弟の泰期を明に送った。明には、私はあなたの「臣」であると表明した「表《ひょう》」という文書と、「方物《ほうぶつ》」（その地方の産物）を届けた。太祖は察度には「大統暦《だいとうれき》」その他を下賜《かし》し、泰期には「衣幣《いへい》」しか下賜せず、差をつけた。これによって、琉球ははじめて中国と交渉をもつようになり、「人文維新《じんぶんいしん》」（世のあり方を変えること）の基礎を開いた。

なお、明の太祖・洪武帝《こうぶてい》の詔は、『明実録《みんじつろく》』にある。その中で、自らが「皇帝」となり、年号を「大明《だいみん》」と定め、元号を「洪武」としたこと、そのことを内外に知らせたら、みな「臣と称して入貢してきた」と述べている。そしていう。「ただし琉球は、中国の東南にあって、遠く海外に位置するため、今まで伝達できなかった。今ここに、特に使者を派遣して伝達させる」。

琉球への伝達が遅れたのは、「遠い」からといっているが、琉球より遠い所にも使者を出していたのであるから、「遠い」からではなく、その存在が知られていなかったから、ということであろう。

中山の察度だけでなく、まもなく、「琉球国山南《さんなん》王」の承察度《しょうさっと》(または「うふさと」→大里《おおざと》カ)、「琉球国山北《さんほく》王」の帕尼芝《はにじ》(→羽地《はねじ》カ)も入貢しているので、「琉球国」には三人の「王」がいることを、明は承認したことになる。

なお、「山」はこの場合「島」という意味で、「島の北」「島の中」「島の南」ということである。これは、明がそう呼んだのであって、それぞれが自分のことをそう名乗っていたのではない。三王に独自性があれば、それぞれ個性ある名称を名乗ったであろう。

行政組織を作り始める琉球王国

さて、行政組織もなかった琉球王国は、それをどのようにつくっていったのだろうか。まず、できたばかりの琉球王国は当然に、交易国家だった。その組織がどのようなものであったかはよく分からない。しかし、伊波普猷《いはふゆう》が『琉球国旧記』や『球陽』の記事によって指摘した（「古琉球の〈ひき制度〉について」、また同『沖縄歴史物語』一九四七年）。また、高良倉吉《たからくらよし》『琉球王国の構造』（一九八七年）が辞令書《じれいしょ》（役職の任命書）の分析を加えて、伊波説を引き継いで展開したことによれば、次のようであった。

琉球王国には、「海船の航海体制」として編成された組織があった。この組織がまずあって、その後に「地上の行政組織」を編成していった。

この指摘は、成立期琉球王国の性格を考えるうえで、きわめて興味深いものとなっている。つまり、成立期の琉球王国は、内政すなわち地域支配に及ぶ前に、航海・交易の機関・組織として発足したのであり、その限りで地域住民との関係が希薄で、その生産を基盤に成立したものではないということを指摘したことになるからである。

王府の組織は、船の名を意味する「ヒキ（引）」から始まっている。たとえば、ある船の名を「せいやりとみがひき」といっていた。それがのちに、「勢遣富勢頭座《せいやりとみせいどざ》」と呼ばれる役所の名称となった。「A船」を「Aヒキ」といっていた。これが船頭《せんどう》を意味する「勢頭《しいど》」という語に引き継がれた。勢頭は、三つのグループ（三番《みばん》）に編成され、それぞれの長が「世《よ》あすたべ」といわれ、漢名では「三司官《さんしかん》」といわれた。

高良による。首里王府は、地方官人（地方役人）たちに辞令書を与えていたが、それには多くの場合、役地の給与が添えられた。それとともに、シマ人たちを使役する権利、夫遣《ぶづかい》権を給与することもみられた。給与として受けた役地は、官人（役人）たちが自らその土地を耕作する場合もあったかもしれないが、多くは、シマ人たちを使役して（夫遣いによって）耕作させた。いずれの場合も、首里王府への租税上納は免除される。シマ人たちの租税負担という点からいえば、後者、すなわち官人（役人）たちのために使役されることが租税に相当しよう。これは「労働地代」である。

ノロ（ノロクモイ、祝女）がその職に任命される時に、ノロ地（ノロクモイ地）という役地が併《あわ》せて与えられていた。ノロはそのシマ人たちの平安を祈り、各種行事を主宰《しゅさい》する立場であり、シマ人たちは尊敬の念を持って対応したであろう。このような人びとによってノロ地は耕作され、その収穫物はノロに捧げられる。これは、官人の役地をシマ人たちが耕作することが、多少の強制を伴った可能性がある（その場合は「租税」となる）のに対して、ノロ地を人びとが耕作することは、強制の伴わない自主的な奉仕、捧げごとであったであろう。

ノロ地がノロに給与されるのは、そのノロ地がシマ人たちによって耕作され、その収穫物がノロに捧げられることを予定しているのである。

高良は、随所で「領有」という語句を使い、役地がその役人によって「領有」されたとしている。しかし、「領有」とは、例えば『日本語大辞典』（講談社）によれば、①自分のものとして所有すること、②領地として所有すること、をいう。琉球近世においてさえ、そのような「領有」はなかった。つまり、役地はその役にある間に限って利用が認められるものである。それは、その地域の人びとを支配することをまかされることではない。

とはいえ、伊波に続く高良の研究によって、一六世紀までの琉球王国の行政組織が、おぼろげながらも解明されたといえるだろう。

第5話

三山は武力で統一されたか

中国（明《ミン》）から、「琉球国」には三人の王がいる、と理解されていた。「三山《さんざん》」という。そして、それはたがいに武力で争っていた、といわれている。それを琉球の「戦国時代」だという人もいる。はたして、「三山」はたがいに武力で争っていただろうか。

また、あった「三山」が、その後に「統一」されたといわれていることは、史実なのだろうか。そして、それは、武力で戦った結果だったのだろうか。

三山の分立と「抗争」

琉球の正史は、「英祖《えいそ》王統」の最後の玉城《たまぐすく》王の時から、琉球は三つに分かれた、としている。玉城王が政治をおろそかにして、遊びにうつつを抜かしていたので、各地の首長たちは結集せず、分裂した、そしてそれぞれに戦争をくりかえしたというのである。そこで、国は分かれて三つとなり、琉球国のなかで、それぞれ中山《ちゅうざん》、山南《さんなん》、山北《さんほく》と呼ばれたとしている。その三つの王の名は、中国の正史『明《みん》実録』に出ているので、実在したとしていい。なお、沖縄では「南山《なんざん》」「北山《ほくざん》」というようになる、という。

ただし、みずから「王」と名乗っていたのではなく、中国（明）がそう呼ばせたと考えられる（当時の沖縄に「王」という言葉はなかったろう）。中国では、トップは「皇帝」で、「王」はその皇帝によって任命された地方官のようなものである。

このことについては、もう一つ、琉球側の史料もある。琉球最古の金石文《きんせきぶん》は「安国山《あんこくざん》に華木《かぼく》を樹《う》うるの記の碑」（首里城西、園比屋武《そのひやん》御嶽《ウタキ》の後方）で、一四二七年に建立《こんりゅう》されたとされている（今はない）。碑文には、「琉球は国が三分したが、中山はその中に都《みやこ》し、俗は惇朴《じゅんぼく》、信義を重んじた」とあった。ここには、同時代史料として、「琉球は国が三分した」との記事が含まれている。一つから三つに分かれた、というのである。一つから三つへという経過の評価は別として、当時の現実として、三つに分れていたことは認められる。ただ、撰文《せんぶん》（文章をつくった人）は中国・安陽の澹菴《せんあん》となっているので、これも中国側の見解と考えられないこともない。建立は北山《ほくざん》滅亡後であることも、少しひっかかる。

ともあれ、ある時点の琉球に三つの勢力、中山・山南・山北があったとすること自体は、容認されるべきであろう。

その三山が互いに「抗争」していたということについては、比嘉春潮《ひがしゅんちょう》『沖縄の歴史』（一九五九年）によって見ておく。『中山世譜（蔡温本《さいおんほん》）』によるものである。長いので、区切って番号を打つ（人名のルビは比嘉による）。

①「一三八二（察度三三）年、泰期《たき》がまた入貢した。初回以来、使者はずっと泰期だったが、こんど亜蘭匏《うらふぁ》というのがつきそって行った。例の通り、明帝からいろいろと賜品があり、そのうえ路謙《ろけん》という使に沖縄への帰りを送らせた。沖縄はちょうど三山抗争の最中で、戦争に日を送っていたので、路謙は帰ってこれを明帝に報告した」。

②「その翌年、察度《さと》は亜蘭匏を入貢せしめ、路謙護送の礼をいった。ちょうどその時、南山の承察度《うふさと》が、家来の師惹《ちな》を遣わして、初めて表《ひょう》を奉《たてまつ》り貢物をささげた。察度側の入貢を知って負けじとやったことであろう〔この部分は比嘉の推定〕。すると明帝は、察度に鍍金《ときん》銀印〔金メッキをした銀印〕と幣帛《へいはく》〔礼物としての絹〕七二疋《ひき》を賜《たまお》うた」。

③「その上、梁民《りょうみん》と路謙が、中山・山南及び山北に対する詔《みことのり》をもって沖縄に遣わされた。明帝の詔は、三山に対し兵戦をやめる〔ようにとの〕勧告であった。察度に対するものは、〈朕《ちん》が即位してから一六年、年毎《としごと》に人を遣わして朝貢した汝の至誠《しせい》〔きわめて誠実なこと〕を喜ぶ。それで梁民と路謙を遣わして鍍金銀印を授ける。ところで近頃、使者が帰っていうには、琉球は三王が、たがいに争って住民は農業を廃棄《はいき》し、人命を傷《そこな》っている。まことに残念であ

る。汝、戦をやめて民をやすませよ〉という趣旨のもので、山南・山北へのものもほぼ同じものであった」。

④「三王はこの詔を受けて戦をやめ兵を休め、かつ三王とも使を遣わして帝に恩を謝した」。比嘉は、以上のことを記した後、「と世譜には書いてあるが、事実はそうではなく、戦いはやまなかったらしい」と結んでいる。

三山は「抗争」していたというが

疑問点は、次のとおりである。三山は「抗争」していたというのに、中山の察度だけでなく、山南の承察度も朝貢している。「ちょうどその時」とある（②）から、おそらくは同時だったたのだろう。抗争しているのに、同時に朝貢しているのである。また、山北も朝貢の単位として認められている。

そして「戦いはやまなかったらしい」との比嘉春潮の判断が記されているが、その根拠は『球陽』と思われる。それには、中山は、山南と山北に支配地を奪われて小さくなった、三山は互いに争って、戦いは止まなかった、島々からの貢納も途絶《とだ》えた、とある。

比嘉はまた、『球陽』などによって、三山の地域割りを説明して、「右のような地域を勢力範囲とする、中山の察度《さと》が、南山の承察度《うふさと》が、北山の怕尼芝《はにじ》が、それぞれ世の主として、明帝から和平の勧告を受け、表面はこれに従いつつもたがいに勢力を争い、配下の按司達もまたあい争って、三山時代はいわゆる沖縄の戦国時代であった」とも述べている。ここでは「戦国時代」というまでにエスカレートさせているが、実際に戦闘がくりかえされている状況を、人名や地域や戦闘の規模などを、具体的に描くことはできないであろう。

　三山の地域割りは、他の正史にも出ている。その記述が正しいなら、それぞれの境界線は明確でなければならず、境界線（「国境」ではなく「山境」か）の防備もされていたと思われる。たとえば、南風原《はえばる》・真和志《まわし》と豊見城《とみぐすく》の間、具志川《ぐしかわ》と金武《きん》の間には、遺跡・遺物が残されているべきで、それが示されていないことは、疑ってしかるべきであろう。

　高良倉吉《たからくらよし》『琉球王国』（一九九三年）は、「三山以前の抗争」を指摘している。「在地首長として各地に台頭した按司《あじ》たちの抗争が、やがて王国形成につながることになる。一四世紀に入ると、強大な按司たちによって沖縄本島に三つの勢力圏が出現する」としている。しかし、かれらはそれぞれ「〈王〉を名乗る存在」であったが、「〈王〉を称したといっても、三山の内実は、各地でグスク＝城砦《じょうさい》を構えて勢力を張る複数の按司たちを服属させたゆるやかな支配形態にすぎず、〈王〉そのものも〈按司連合体〉の盟主というほどの地位でしかなかったろう」と述べている。

少し整理してみよう。高良はまず、三山の成立以前に「抗争」があって、「強大な按司たち」による三山が成立し、それぞれが「王」を名乗った、としている。次に、実際は「王」とはいってもそれほどではなく、各地の按司たちがそれぞれに「勢力を張って」いて、「王」（つまり三山の王）は、かれらを「ゆるやか」に支配していたにすぎず、かれらの「連合体」の「盟主」でしかなかっただろう、としているのである。

つまり、三山の成立に至るまでの「抗争」では「強大な按司たち」が勝ち抜いてきたが、結果として成立した三山の「王」は、「強大」ではなかったというのである。ここには、架空・仮定である「抗争」という理解にわざわいされて、その後が「強大な按司たち」の支配ではないという実態との整合性を保とうとした「苦悩」が垣間《かいま》見える。

豊見山和行《とみやまかずゆき》は、編著『琉球・沖縄史の世界』（二〇〇三年）で、次のように述べている。「統一国家への道程は、概観すると次のようになる」として、比嘉春潮③と同様のことを述べている。すなわち、「三山（中山、山北、山南）による抗争は、明国にまで伝わっていた。一三八三年（洪武一六）、洪武帝《こうぶてい》は琉球の三王による交戦状況を聞き及ぶと、戦いを中止し民の安寧《あんねい》を計るようにとの諭告を琉球へ発していた（『明実録』洪武一六年正月乙巳条）。しかし、皇帝の命令にも関わらず、戦闘が中止されることはなかった」。これに加えて、「三山という三つの政治ブロックが最終的には浦添グスクを拠点とする中山勢力によって統一されたことは、近年の浦添グスク・浦添ようどれの発掘成果から見て、まず揺るがないものと思われる」。この判断は安易すぎないか。「三山の統一」は「浦添ようどれ」の時代から半世紀ほど後のことである。

三山が「分立」しているだけでなく、互いに「抗争」をくり返している、というのが正史の記述である。これまでに紹介した比嘉春潮、高良倉吉、豊見山和行らは、それを受け入れていた。しかし、「抗争」はあったのだろうか。

「抗争」への疑問

三山の抗争には、すでにいくつも疑問が出されている。

東恩納寛惇《ひがしおんなかんじゅん》『黎明《れいめい》期の海外交通史』（一九四一年）は、三山の相互の関係について、次のことを指摘している。それは「疑問」を投げたものと受け止められる（人名のカタカナのルビは東恩納による）。

第一。「永楽《えいらく》」から「洪熙《こうき》」に改元《かいげん》したときに、明は琉球に使者を派遣して、①永楽帝のあとに仁宗《じんそう》が即位した事情や、②洪熙に改元したことなどを、中山王・尚巴志に告げさせたが、そのことを山南王・他魯毎《タルミー》にも伝達するように命じた。しかし、中山と山南の距離は遠くないのに、その伝達に二〇日もかかっている。これをみると、両者の関係は近くはなかった、つまり仲は良くなかったと述べている。

しかし、「抗争」とまではいかないように見える。明は、「抗争している」はずの中山に、山南への連絡を頼んだことになって、疑問が残る。

第二。洪熙元《こうき》（一四二五）年に山南王の使節であった謂慈勃也《イシフヤ》が、同二年に帰国した。ところが、同じ人物が、同三年には山南ではなく、中山の使節となっているが、このことは、山南が二年に滅亡したので、同じ人が中山の使節になったことを示しているのではなかろうか、としている。

この指摘から考えられることは、少なくとも山南の官吏と中山の官吏が敵対しておらず、おそらくは山南と中山そのものも、敵対してはいなかっただろうということである。

第三。洪熙元年の二つの文書、すなわち「中山王臣・尚巴志」あてと「山南王臣・他魯毎《タルミー》」あてを示して、次のように述べている。「この賀表《がひょう》［祝意を表して奉る文］は、明会典の公式に則《のっと》ったものであって、その起案を管掌するものは、唐営《とうえい》人であったに違いない」。このことから、唐営人（久米村人。いわゆる「閩人《びんじん》三十六姓」）は、「三山の区別なく、琉球全体としての進貢の事務を」になっていた、と指摘している。

ここにも三山の対立抗争の姿は見えない。

比嘉春潮『沖縄の歴史』は、「三山抗争」論の立場に立ちつつも、次のように述べている。

「三山は国内ではお互いに勢力争いに余念がなかったが、中国との通交はまた別であった。否、その通交が勢力争《あらそい》のためと見るべきものである」。比嘉は、入貢では協同関係であるが、「中山と南山は政治的には争った」という、すっきりしない判断になっている。

二つ目。「三山の使者たちは、中国に行っては、同時に奉表《ほうひょう》［「表」を奉る］進貢の儀式に列席し、賞賜、筵宴《えんえん》もいっしょにしたようである」。「筵宴《えんえん》」は園庭（筵はむしろ）での宴《うたげ》のことか。

三つ目。「一四〇三年には中山と南山の使者が一つ船で行ったことさえある。中山と南山は政治的には争ったが通交の場合は、共同の海船や共同の通事にたよらなければならなかった。航海や通訳の技術者がきわめて少ない時代、余儀ないことだったろう。明からの三十六姓も三山のどちらの専属でもなかった」。四つ目。「那覇港もこの頃［は］共同の港で」であった。五つ目。「久米村も中南二山の中立地帯であったらしい」。

互いに「抗争」しているはずの三山が、①中国では同じ儀式に列席し、宴会などにも参加していたというのである。②また、同じ船で行ったこともあるという。③さらに、那覇港は中山と南山が共同で使っていた、ともいっている。④そして、三山はともに、閩人三十六姓の世話になっていた。⑤その久米村は「中立地帯」（争いのない地帯）だったというのである。比嘉は、通交面での三山の協同を知りつつも、そのことの評価を後景に退けて、「政治的には争った」と、正史の記述にしたがっているのである。

田名真之《だなまさゆき》「古琉球の久米村」（共著『新 琉球史―古琉球編―』一九九一年のうち）は、三山の「抗争」に疑問を出している。

まず指摘されていることは、「察度」（最初の朝貢者）から「尚巴志」（三山統一者）までに、「三山相互の使者の重なり」が一一例もみられるということである。うち六例は、山南から中山への転身組、五例は中山から山南への転身組で、そのうちの二例は再び中山の使者となっている、という。

その具体例一。洪武《こうぶ》一六年（一三八三）の入貢は、中山、山南とも、同一の船隻《せんせき》で行われたのではないか、と推測される。同じ船で行った、という。

具体例二。同年一二月一五日に、山北怕尼芝《はねじ》が臣の模結習を遣わして、初めて入貢した。その時、中山も山南も、元旦慶賀の使者を派遣していた。これは「三山揃っての入貢」ではなかったのか、と思わせる。

具体例三。洪武一八年（一三八五）正月、中山と山南の王に海舟一隻ずつを賜っている。中山は入貢開始の直後から、給賜か貸与といった形で船舶を有していたはずである。しかし山北は、海舟の下賜にあずかれていないから、他山の船に依存しなければならないであろう。つまり、抗争しているのであれば、船を利用させてもらえないはずだ、との指摘である。

田名真之の指摘をつづける。その後の三九年間の使者派遣は、中山の六四回を筆頭に、山南が二八回、山北は一三回となっている。山南が中山とほぼ同時期に入貢した例が多いのは「当然」だが、二か月程前後するケースもままあり、山南単独の派遣もあったことが分かる。ところが、山北の場合は、一三度に及ぶ遣使のほとんどが「中山の遣使と同時」なのである。同日が八度、他も三～二〇日程で、一か月以上ずれることはない。「このことは、山北の遣使が自ら単独で行われたのではなく、中山の派遣に合わせて、便乗した可能性を強く印象づけるものであろう」。なお、同日に入京し進貢している場合は、同一の船隻によるとみなしてよい、とも述べている。

田名は、渡来中国人の役割を指摘する。「通事」（通訳）・「火長」（船長）などを務めた渡来中国人たちがいた。かれらはまた、公文書を作り、船を操り、進貢儀礼を執行していた。そのための「職能集団」だったのである。かれらは、三山のいずれかに属するのではなく、三山から一定の距離をおいていたのではないだろうか。これは、仮に三山の間に対立・抗争があったとしても、それらに拘束されない、独自の集団として、「閩人《びんじん》三十六姓」があったという指摘である。かれらはさらに、東南アジアなどの海外交易をも支えていた。

最後にもう一つ。三山は、それぞれの進貢品の中に、硫黄《いおう》を積み込んでいた。しかし、その硫黄は、「限られた所（硫黄鳥島《とりしま》）でしか採掘しえない」ものだから、それが三山の進貢品のなかに共通に含まれていることは、そこに何らかの〝協同〟があったと考えなければならないだろう。

このような状況であれば、「三山の抗争」は考えにくいことである。その後に「古琉球王国の王統」（共著『〈新版〉沖縄県の歴史』二〇〇四年のうち）を書いた田名真之は、「三山の抗争」にはまったく触れていない。

しかし田名は、同書の「海外交易と琉球」でも、海船のこと、硫黄のこと、などに触れているものの、特に硫黄との関係で、「可能性として考えられるのは、国内の抗争と中国への進貢は別だったということである」と述べている。これは、比嘉春潮の説への舞い戻りで、進貢面での協力と、政治面での抗争とは別だとしているのである。抗争を認めていることになる。

「戦争をくりかえしながら、進貢面では協力し合う」――そのようなことがありうるだろうか。三山は進貢においては協力し合っていたことは疑えない。それでも、互いに戦争をしていたと考えるべきだろうか。

信用できない「統一戦争」の記述

正史の、三山統一戦争の記述をみてみよう。

中山の尚巴志《しょうはし》は、一四一六年に軍をおこして山北《さんほく》を攻めた、という。その決着は、『中山世鑑』では次のとおりである。「尚巴志の軍は、山北城をなかなか攻略できなかったが、羽地按司《はねじあじ》から次の助言があった。〝城の南西の方角は険《けわ》しいので、守備兵はいないだろう。夜になるのを待って、そこから屈強の兵二〇人を送りこみ、城に火をつけて、鬨《とき》の声［大勢の人が一度にあげる声］をあげさせる。それを合図に正面からも攻め込もう〟。このとおりに実行されて、山北王と残兵《ざんぺい》は自害して、滅び去った。「一〇〇年以上もの間に、中山は山北を七〇回以上も攻めて、ことごとく失敗していたのに、今回はわずか数日で山北は敗れたのである」。一〇〇年以上も戦い続けていたとしているが、そのことはその時々の記述には残されていない。

また、『中山世譜（蔡鐸本《さいたくぼん》）』には、次のように書かれている。「山北城は、四方を山に囲まれ、その防備は厚い。両面［正面と裏面ということか］から攻撃を受けて、山北は大敗し、北軍の死者はその数が分からないほど多かった。山北王は敗北を悟《さと》って、自害した」。

比嘉春潮『沖縄の歴史』（一九五九年）は、『中山世譜（蔡温本《さいおんぼん》）』によって、次のように書いている。山北王・攀安知《はんあんち》は、家来の本部平原《もとぶたいはら》の裏切りで敗れる。

「まず、尚巴志は攻めあぐねて、羽地按司に相談すると、城の西南は険しいので、防備も手薄だと思われるといわれたので、腹心の一人を、そこから、夜に乗じて忍び込ませ、本部平原に賄賂《わいろ》をおくった。これに応えて平原は、攀安知を城の外に出て戦うようにうながし、攀安知はそれに従う。その間に平原は城を焼き、中山に寝返ったことを告げる。怒った攀安知はすぐ戻って平原を切り、みずからも自殺した」。

しかし、このような記述は説得的ではなく、史実とするわけにはいかない。「険しい」のに、どうして入《はい》れたのか。入った人数も二〇人と一人と、文献によって大きく異なっている。どのようにして本部平原に近づけたのだろうか。どんな賄賂を贈ったのだろうか。平原はなぜ裏切ったのだろうか。平原はなぜ逃げずに切られたのだろうか。この話が他の正史にないのはどうしてか。

高良倉吉『琉球の時代』（一九八〇年）は、三山内部の抗争に触れ、特に「山南内部の抗争」についてはは述べているが、「三山相互の抗争」を描いてはいない。ただ、三山統一の場面を描くのみである。正史に基づいて記述しながら、それはしかし、高良にとっては不満らしく、「正史の伝える山北滅亡の話はあたかも戦記文学を読むようである。…真相はまったく不明だが、このままでは攀安知《はんあんち》・平原《たいはら》ともうかばれまい。私は、もっと荒々しい、野心に燃えた古人たちの激突を想定してみたくなる」と述べている。

これは「武力抗争」があったことを当然として、正史の述べるものより、「もっと荒々しい激突」を想像していることになる。また「戦記文学を読むよう」という感想は、〝血沸《わ》き肉躍《おど》る〟ように書かれているという意味であろうか。そうは書かれていないが。

尚巴志は、父の後をついで中山王となってから八年目の一四二九年に、山南《さんなん》を併合して三山を統一したという。その経緯は、次のように描かれている。『世鑑』も『世譜』も、ほぼ内容は同じである。「山南王は浪費に明け暮れていた。かれの部下の按司たちはしだいに離反した。怒った山南王は按司たちを攻めたので、かれらは佐敷《さしき》按司（尚巴志）のもとに逃れて、ともに戦った。山南王は敗れて、佐敷按司が山南王になった」。

比嘉春潮『沖縄の歴史』は、『遺老説伝《いろうせつでん》』による次の伝説を紹介している。高良倉吉『琉球の時代』も同様である。

「嘉手志川《かでしガー》という泉があった。干ばつの時にも水が絶えなかった。尚巴志はりっぱな金屏風《きんびょうぶ》を持っていた。南山王の他魯毎《たろまい》はぜいたく好みだったので、その金屏風が欲しくてたまらない。巴志にそのことを申し出ると、巴志は嘉手志川となら換えようという。他魯毎は喜んで泉と屏風を取り換えた。すると、巴志は自分に従う百姓にはこの泉の水を与え、従わない者には使用を禁じた。そのため百姓たちは巴志に味方するようになり、南山はついに亡んだ、というのである」。

この話も「ものがたり」としか思えない。ただ、この話は「武力で統一された」のではないことを示唆している。

もう少し正史の記述をたどってみよう。佐敷按司・尚巴志は一四〇六年、武寧《ぶねい》を倒して中山を乗っ取り、父・思紹《ししょう》を中山王にした。思紹は翌年、使を中国に遣《つか》わして、武寧の死を報じた。これにこたえて成祖はその死を悼《いた》み、思紹を王の位に就《つ》かせて、皮弁服《ひべんふく》（国王の礼服）と皮弁冠《かん》（国王の冠）をくれた。このことは『明実録』に載っている。

高良倉吉『琉球王国』（一九九三年）は、三山の統一についても「抗争」によるとの理解である。「一四一六年、尚巴志は大軍を今帰仁グスクに送り、山北王・攀安知《はんあんち》を攻めてこれを滅ぼした」、「中山軍の山南攻撃は一四二九年に行なわれ、山南王・他魯毎《たろみー》とともに、島尻大里グスクも滅んだ」と述べている。

豊見山和行は、編著『琉球・沖縄史の世界』（二〇〇三年）で、「一四世紀半ばの沖縄島には、他島に先駆けて三つの小国家（山北《さんほく》、中山《ちゅうざん》、山南《さんなん》）が確実に存在していた。それらの三小国は、相互に対立・抗争をくりかえしながら、やがて一五世紀前半に中山勢力によって統一王国（琉球王国）が形成される」と述べている。

「三つの小国家」としているが、明は「琉球国」は一つで、その中に三人の王があるという理解ではないか。ともあれ、豊見山は、それが「対立・抗争」をへて「統一」されたと理解しているのである。

私は、「三山の対立と抗争」論は、按司を武士と見、グスクを城砦と見るという、出発点での誤解が基礎になって、のちの時代に粉飾されたものであると考える。戦闘を示す考古資料は希薄であり、戦闘を描いた正史の記述は、合理性に欠け、説得的ではない。

　戦闘に従事したのは、どのような人びとか。それは武士なのか。そうであれば、なぜ武士が生まれたか。ある時代にいた武士が、その後になぜいなくなったのか。そして、その武士たちは、何を基盤に生活していたのだろうか。また、かれらは不断に武力を鍛えていたのだろうか。このようなことを何も語ることなく、ただ正史の記述に引きずられて、「武士がいて、戦闘があった」かのように見るのは、「科学」ではない。

　三山はあったが、それはたがいに抗争していたのではなく、いろいろと協同しあっていたのであり、その「統一」も、戦闘による武力統一ではなかったのである。

第6話

阿麻和利の乱はあったか

三山に分裂していた「琉球国」は、尚巴志《しょうはし》によって統一されたとされている。これを「第一尚氏政権」という。しかし、それはしっかりとした国家ではなかった。国家としての体制がよくできておらず、そのため、在留中国人の指導・援助を受けていた。

この政権のもとで、二つの戦争が起こったとされている。「志魯《しろ》・布里《ふり》の乱」と「阿麻和利《あまわり》・護佐丸《ごさまる》の乱」(以下では「阿麻和利の乱」とする)である。そのことが、未熟な政権とされる理由にもなっている。しかし、それらの「乱」はあったのだろうか。

未熟な政権＝第一尚氏

いわゆる「三山統一」を成しとげた尚巴志が、政権を握ることになったとされている。琉球国王が「尚氏」を名乗るのは尚巴志からである。その父・思紹《ししょう》は、尚巴志によって王にされているが、王になっても尚思紹ではなく、思紹のままである。したがって、「尚氏」が明の皇帝から与えられた姓であるということは、否定される。

何らかの沖縄風の名前（コハチ、サバチ、チヤウハチなどの説がある）を漢字で「尚巴志」と表記したのが始まりだったのであろう。それがその後、そのうちの「尚」を姓《せい》、「巴志」を名《めい》と理解するようになったようである。そのため「第一尚氏政権」といわれる。なお、思紹に始まる王統を「第一尚氏」とする呼び方は、伊波普猷《いはふゆう》に始まる。

ともかく第一尚氏政権が生まれた。伊波普猷の説にしたがって、その後の歴史家たちの多くも、この政権を「未熟なもの」とみなしている。武力抗争が多く、それを鎮《しず》めることができなかったから、というのである。

そうではないであろう。武力抗争が起こるほど、社会はまだ発達していなかったと考えるべきであろう。「布里・志魯の乱」といわれるものも、「阿麻和利の乱」といわれるものも、作り話だと思われる。

一四世紀の後半に、琉球王国が成立したが、それは「外から」すなわち明国《みん》によってつくられた（つくらされた）ものであった。社会の成熟の結果、「内から」成立したのではない。まだ行政機構も官僚組織もなく、ただ対外交易の組織だけがあったこの王国は、居留する中国人（明人）たちの支援を受けることなしには、王国の体裁《ていさい》さえも保ちえなかったのである。文字も普及していなかった。琉球独自のこの時代の文字史料はないといってよい。そしてあとでみるように、租税の徴収体制は「琉球近世」にいたるまで、すなわち一七世紀に入るまで「なかった」と考えられるのである（第9話）。このように、およそ国家の基本ができていない。この意味で、第一尚氏政権を「未熟」とすべきである。

琉球王国は未熟だったので、明は琉球にテコ入れした。明は琉球に対して、船を与え、航海技師や通訳や、皇帝あての文書作成者などを派遣するなど、多くの点で「優遇《ゆうぐう》」した。もっと言えば、国づくりを手伝った。

初期の王国は、懐機《かいき》ら中国人宰相《さいしょう》（王の補佐役）によって支えられていた。かれらが、まだ行政組織もなかった琉球を、国家らしく整備させていったのである。この宰相たちには、次のような人物がいた。琉球の王と対応させて示す（別図参照）。このうち懐機は五人の王に仕え

別図　宰相と王の対応関係

宰相	程復	王茂	懐機
王	（察度－武寧－思紹）	（思紹）	（思紹－巴志－忠－思達－金福）

ているが、首里城のそばに龍潭《りゅうたん》を掘り（「安国山に華木《かぼく》を樹《う》うるの記の碑」という記念碑が建てられた）、首里から那覇までを海を渡らずにすむように、長虹堤《ちょうこうてい》を築いた人である。

「閩人《びんじん》三十六姓」が琉球に派遣されたといわれている。「閩人」は福建《ふっけん》人のこと、「三十六姓」は「多くの人」のことである。明が人材を派遣したのは事実であろう。ただし、すべての在留中国人が、そのように派遣されてきた、あるいはその子孫だと考えることはできない。王国成立前から住んでいた人たちもあったし、のちに私的に渡ってきた人もいたのである。

この在留中国人の居住地が「久米村《くめむら》」（クミムラ→クニンダ）である。自らは当初「唐営《とうえい》」といい、のちに文字を「唐栄」に改めた。

久米村は、今も「那覇市久米町」の地名が残っているが、那覇港の周辺にあった。上里隆史《うえざとたかし》『海の王国・琉球』（二〇一二年）は、次のように述べている。琉球では、運天《うんてん》（今帰仁《なきじん》）と那覇が大船《たいせん》の停泊可能な港であったが、那覇は背後地に居住できる面積があったことで選ばれた。その港も、かれら自身が造り、のちに王府が整備していったものであろう、と。

志魯・布里の乱

第一尚氏政権下で起こったとされている二つの「乱」について、見ていこう。

志魯・布里の乱については、次のように伝承されたことが分かっている。まず、『中山世《ちゅうざんせい》鑑《かん》』（一六五〇年）と『中山世譜《せいふ》（蔡鐸《さいたく》本）』（一七〇一年）の段階では、この話は知られていなかった。しかし、『明《みん》実録』が一四五四年の項で、次のように記していた。「琉球国・王弟の尚泰久《しょうたいきゅう》の使者が次のようなことを奏上した。長兄の国王の金福《きんぷく》が死に、次兄の布里《ふり》と姪《めい》（金福の子）の志魯《しろ》とが王位を争い、府庫を焼き、二人とも傷つきともに死去した。以前に賜った国王印は溶けてしまった。いまは尚泰久に国政を代行させている。印を賜わりたい。そこで皇帝は、所司に命じて国王の印を給された」と。これを『中山沿革志《えんかくし》』（冊封使・汪楫《おうしゅう》著）が伝えた。それを蔡温《さいおん》が受け継ぎ、脚色した。つまり、話を膨《ふく》らませた。『中山世譜（蔡温本）』（一七二五年）である。そして『球陽』（一七四五年〜）にも引き継がれた。

比嘉春潮《ひがしゅんちょう》『沖縄の歴史』（一九五九年）は、この蔡温の記述を、わかりやすく次のように記している。「尚思達《しょうしたつ》には子がなく、後を叔父の金福《きむぷく》にゆずって死んだ。ところがその尚金福もまた在位わずか四年、五六歳で死に、子の志魯《しろ》が位に即《つ》くことになると、権力をふるっていた叔父の布里《ふり》が、私は尚巴志の子だから父兄の業をついで、私こそ王になるべきだと、横槍《よこやり》を入れた。志魯もまた、あなたは王弟であって世子ではない。私こそ王になるべきだと、やりかえし、ここに叔甥《しゅくせい》［おじ・おい］の間に争いを生じ、ついに各々《おのおの》兵を集めて相争い、戦って満城火となり、布里も志魯もともに傷を負うて死んだ。この時倉庫も、悉《ことごと》く焼けて中国からもらった国王の印も焼けてしまった。そこで越来《ごえく》の領主となっていた末子の越来《ごえく》王子泰久《たいきゅう》が国王となった。時は一四五四年、尚思紹が首里の王になってからちょうど五〇年、王家内に、叔甥の間に血を見る権力の争奪戦が行われた」。

田名真之《だなまさゆき》「尚泰久の治世―阿摩和利の乱と仏教」（共著『〔新版〕沖縄県の歴史』二〇〇四年のうち）は、次のように述べて疑問を出している。「しかし、布里と志魯の王位をめぐる争いは琉球側では伝承されておらず、唯一『中山沿革志』の記事、それも尚泰久の申告のみである」と述べる。さらに、「そこから泰久による王位簒奪《さんだつ》［王位を奪い取る］の可能性を指摘する説もある」と続けている。その一つの説が次のものである。

高瀬恭子《たかせきょうこ》「朝鮮と琉球」（共著『アジアの海の古琉球―東南アジア・朝鮮・中国』二〇〇九年のうち）は、「〈志魯《しろ》・布里《ふり》の乱〉とは」として、この事件の記事が『中山世譜（蔡温本）』に取り上げられて、「琉球史では疑う余地のない史実となっている。しかし、これは本当に史実といえるのだろうか」と問うている。

高瀬は、この乱の記述が現われる経過を点検したうえで、『明実録』は「尚泰久が奉った奏文」によっている、それを『明実録』は「そのまま記録したものであって、客観的な証拠を伴ったものではない」という。そして、次のように論じている。「当時の琉球社会における、王弟の際立った存在感」を指摘し、尚泰久こそがそのような「存在感」のある王弟であって、

「明皇帝に奉った奏文に記される王弟布里とは、尚泰久によって創出された人物であろう」、蔡温は「『世鑑』や『蔡鐸本世譜』では尚金福の子となっていた尚泰久を、尚巴志の子と修正した。さらに尚巴志の条に、子として布里の名を書き加え、尚金福の条に、志魯という世子が兵乱のため死したと記入した。これが〈志魯・布里の乱〉説誕生の経緯である」。したがって、この「〈志魯・布里の乱〉と呼ばれてきたものは、〈尚泰久の乱〉と呼ばれるべきものであって、尚泰久が倒した相手は、尚金福の世子、もしくは尚金福本人であったと思われる」。

高瀬はさらに「首里城は炎上したか」と続ける。「志魯・布里の乱」で、ということである。『中山沿革志』は「焼けたのは府庫のみ」としているのに、蔡温は「〈満城火起〉と変更した」とする。さらに、「府庫焚焼《ふんしょう》」に限るとしても、「火災」があったかどうかも疑問であるとして、その時焼けたとされる「鍍金《ときん》銀印」（金メッキされた銀印）を、尚泰久が「手に入れることができなかった」ために、このような「口実」を作り上げたのだろうという。現に、彼が「王城を再建したとの記述は全くない」。また、いわゆる「志魯・布里の乱」のあったとされる一四五四年の、直前の一四五〇年と直後の一四五六年に、朝鮮人漂流記が残されていて、「城の様子」が語られているが、「前と後とで全く変わらないようなのである」、「正殿は炎上しなかったものと思われる」ともいう。

もう一つ。「鍍金銀印」や「詔勅」を奉安する場所は、焼けたとされる「府庫」ではなく、

「正殿」だったと考えられるのに、「火災」以前の詔勅が残されていたという事実は、尚泰久の上奏が「欺瞞《ぎまん》［だまし］である」ことを示しているという。

以上のように、高瀬恭子による考察は、ひたすら尚泰久によるねつ造だというものであるが、火災がなかったということについては説得力があり、この「志魯・布里の乱」そのものがなかったということについても同意したい。しかし、志魯も布里も実在しなかったということへの判断は留保したい。

阿摩和利の乱

『中山世譜（蔡鐸本）』には、『中山世鑑』にはない次の章句がある。ここでは原田禹雄《はらだのぶお》の訳注本による。

「勝連按司の阿摩和利《あまわり》［阿麻和利とも書く］という者がいた。元来、君主を無視する気持ちがあり、反乱をしようとしたが、護佐丸《ごさまる》が中城《なかぐすく》にいて要路をおさえており、そのたくらみははたせなかった。そこで、護佐丸を王に讒言《ざんげん》した［人をおとしいれるために、目上の人にその人を悪くいった］。王は阿摩和利に命じて、護佐丸を討伐させた。阿摩和利はその後、得意になって叛乱しようとした。阿摩和利の夫人の（百度《ももと》）踏揚《ふみあがり》の従者に鬼大城《おにおほぐすく》がおり、かねてからその謀反を知り、人目をしのんで夫人を背負って逃走し、三更《さんこう》（午前一時）になって王城に着き、門をたたいて王に知らせた。王は鬼大城に命じて、兵を率いてこれを討たせた。鬼大城は阿摩和利を伐《か》って功をあげた。その日、神が出現して、国家の太平を祝われた」。いわゆる「阿摩和利の乱」であり、一四五八年のこととされている。

伊波普猷《いはふゆう》「阿麻和利考《あまわりこう》」（一九一二年）は、次のように述べている。伊波は「沖縄第一の逆臣と呼ばれる阿麻和利」については、「単に阿麻和利の敵者たる二氏［毛《もう》・夏《か》二氏］の『由来記』に依ってのみその事蹟の伝えられ」たことや、「組踊《くみおどり》（脚本）に〈二童敵討《にどうてきうち》〉のある」ことなどによるものである、としている。

つまり、伊波は阿麻和利の乱の真偽について検討するのではなく、「阿麻和利は逆臣である」という説を批判する立場から論じているのである。そして「逆臣」説が、阿麻和利の敵に当たる家系の『由来記』に起源していることを指摘し、また、それを基にして「二童敵討」という組踊が生まれ、広く普及したことを述べているのである。

そして「羽地按司《はねじ》・向 象賢《しょうじょうけん》が始めて琉球の正史『中山世鑑《ちゅうざんせいかん》』を編纂《へんさん》した時に、この大事件たる勝連の乱を記さなかった所に深い意味のあったことを知らねばならぬ。阿麻和利と護佐丸の事は『中山世譜《ちゅうざんせいふ》』に至って始めてこれを伝え、『球陽』もまたこれを引用した」と述べている。『世鑑』にないことの理由には言及していない。

そして「阿麻和利の滅亡後七三年」に至るまで「勝連半島の民は…なお、阿麻和利を追慕していた」とし、「私はオモロの光によりて、琉球史上に於ける阿麻和利の位置を明《あきら》かにしようとおもう」と書きだしている。

つまり、伊波は、この乱を描くのに、毛氏と夏氏の『由来記』に加えて、オモロや「口碑《こうひ》」(伝説)を使っているのである。両由来記は「乱」の二五〇年も後に、オモロは一五〇年も後に記されたものである。これらによって歴史を描けるだろうか。

伊波普猷を続ける。さて、「この時に当って北谷《ちゃたん》間切屋良《やら》村の一平民加那《かな》という者は起《た》って、勝連の城主茂知附《もちづき》按司(姓によりて判断して見ると望月《もちづき》氏という日本人の子孫らしく思われる)を殺して、勝連半島を押領《おうりょう》した。(今日の与那城《よなぐすく》間切は延宝《えんぽう》四年[一六七六年]…勝連間切を割《さ》いて置いたので、阿麻和利時代には全半島を勝連と言っていた。)尚泰王は加那を封じて勝連按司となした。これがいわゆる阿麻和利である。首里をさること僅《わずか》に六、七里[二〇キロメートルほど]の所で、こういう事を演ぜしめて、而《しか》もこれを制することが出来なかったのをみても、中央政府の政令は汎《ひろ》く行われていなかったということが知れる。当時、勝連半島で起ったような事件は、他の地方にも起っていた、と想像することが出来る」。

①北谷の「一平民」が、勝連城主(按司)を討った、②尚泰王は、このことを認めて、かれを勝連按司にした、③首里からさほど遠くもない土地で、このようなこと(一平民がほかの地

域の城主を討ったこと）があっても、王は何もできないほど弱体だった、としている。

夏氏の『由来記』は、彼「阿摩和利加那」のことを「アマリ加那、即ちワンパクモノの加那」と描いているが、実は「天降加那《あまりかな》、即ち神童加那」だったのではないかと言い、死後は「アマンギヤナと訛《なま》って、遂に世人の耳に悪者《わるもの》と響くに至ったのではあるまいか」と推測している。言葉だけからの解釈である。

さらに「種々の記事や口碑を綜合して考えて見ると」、阿麻和利は、①「放浪生活を送っていた」、②「好人物であった」、③「網を発明した」などが指摘できるが、「とにかく彼が己《おのれ》を忘れて人のためにするという心は、やがて彼をして勝連半島の主人たらしめし所以《ゆえん》のものであろう」と述べている。『夏氏由来記』の一節によっても「彼が如何に人に愛されていたか」が分かる、という。

網が阿麻和利以前にはなかったというのは、事実ではないだろう。「彼が己《おのれ》を忘れて人のためにするという心」を持っていたと、後世のわれわれに判断できるだろうか。

伊波は「阿麻和利は、とにかく勝連の人民の意志によって半島の主人になったのである」といい、根拠を次のように示している。①「勝連の人民の間に伝唱せられしオモロ」が四つある。②勝連だけでなく、「伊平屋島《いへや》のテルク口《ぐち》」にも「勝連の阿麻和利が、王命を受けて伊平屋島に渡っていった」ことが語られている。③「当時の民」が「勝連（城）は日に向《むこ》うて門を建てて、千珍万宝寄合《よりあ》う玉の御殿ぞ」などと謳《うた》っている。

オモロを根拠にして、「勝連の人民の意志によって」、勝連城主になったという推論を補強しているのである。

伊波のオモロ研究は多様で、多くの成果を生んだが、歴史をオモロで解釈する方法だけはいただけない。

その後の経過は、もっと要約して示すことにする。阿麻和利は尚泰久王の妹（あるいは娘）モモトフミアガリを嫁にもらう（王母は心配なので、鬼大城《おにおおぐすく》を付けて勝連に嫁がせる）、阿麻和利は得意になって傲慢《ごうまん》になる、実際上、阿麻和利は「按司の又の按司」であった、そして阿麻和利は「小さな頼朝《よりとも》になろうとしていた」、「ところがここに彼のために少し都合の悪いことがある」、それは中城《なかぐすく》に護佐丸《ごさまる》がいて、「絶えず彼の行動を監視していたことである」、護佐丸は「立派な築城家」であり、山田《やまだ》城、座喜味《ざきみ》城、そして中城《なかぐすく》城を築いた、そこで阿麻和利は王に「護佐丸謀叛《むほん》」と告《つ》げ口《ぐち》し、王はこれを容《い》れて阿麻和利に護佐丸追討を命じた、護佐丸は「君命を重んじて」抵抗せずに自死した（「一戦を試みた」という異説あり）、「彼はとうとう障害物を除いた」。しかし、鬼大城が「阿麻和利の叛《はん》［謀叛《むほん》心］を知」って、阿麻和利夫人のモモトフミアガリとともに首里城に逃げたので、阿麻和利はそれに追い討ちをかけた、戦いは鬼大城の勝利となり、王は勝連城を鬼大城に与え、モモトフミアガリを妻に与えた。

伊波は、この文章の末尾を、これらの経過を「見物して、微笑をもらした、四〇の坂を三つ越した官吏」がいたと述べて結んでいる。すなわち「第二尚氏」の祖となる尚円《しょうえん》である。このように、伊波は「作家」である。

伊波説への疑問

このような伊波普猷の推論は、信頼できるだろうか。そこでは、阿麻和利の叛逆意思、護佐丸の阿麻和利監視、阿麻和利の尚泰久への告げ口《つぐち》、それを尚泰久が容認したこと、護佐丸が阿麻和利の攻撃に堪えたこと、鬼大城による阿麻和利謀叛心の察知、モモトフミアガリとの逃走、尚泰久によるその受け入れ、というように描かれている。これらはすべて「思い」「考え」「言葉」であって、同時代に書かれたものであれば別だが、のちの時代には確かめようのないことである。そして、阿麻和利の攻撃、阿麻和利の敗戦と鬼大城の勝利（攻撃をしかけた側が敗けている）、鬼大城の勝連城主就任と続けるが、戦力や武器、戦法などに触れることはない。これを「歴史」とするのは大いに憚《はばか》られる。

まして、多くの根拠をオモロに求めていることが問題である。オモロはいつの時代の、誰を謡ったものであるか、特定できるものではない。例えば、モモトフミアガリを讃え、「百按司《ももじゃら》の主君となられてよ」というオモロについては、伊波は「大方《おおかた》［おそらく］モモトフミアガリの輿入《こしい》れの時、良《よき》配偶を得たのを祝福したのであろう」といっているが、モモトフミアガリは阿麻和利に嫁いだだけでなく、その後、鬼大城にも嫁いでいる。どちらを祝福したのか、分からないはずである。

伊波はまた、『沖縄歴史物語—日本の縮図』（一九九八年、初出一九四七年）で、「護佐丸阿麻和利の事件」を「二氏の政権の争い、否むしろ利権の争いといった方が真相に近く、この王朝の事件中、重要性を有するものの一つと見て差支えあるまい」と述べている。

伊波は、この事件の理解を「忠臣・逆臣」「善玉・悪玉」論から解放し、「権力争い」として見直そうとしている。しかし、そもそも、このような事件が本当にあったのかについては、疑問を抱いていない。

伊波を受けつぐ高良倉吉

高良倉吉《たからくらよし》『琉球の時代』（一九八〇年）は、「護佐丸・阿麻和利の乱」について、次のように述べている。これは「王位に登った尚泰久の治世下《ちせいか》」におこった「大事件」だとし、「未完の王朝」である「第一尚氏王朝」の「屋台骨《やたいぼね》を動揺せしめた有力按司の反乱とみられる」。そして、「近世期の首里王府正史」によって「少し詳《くわ》しく紹介」している。
「この事件は、明らかに、誰が国王に対して忠節であるかという偏向《へんこう》した観点で語られており、額面どおりに受けとるわけにはいかない。にもかかわらず、組踊〈二童敵討《にどうてきうち》〉や沖縄芝居などの演劇で、右の話がくりかえしくりかえし演じられたことにより、いつしかまぎれもない一つの〝歴史〟と見なされるに至っている」という。これは、伊波普猷と、その先生である田《た》島《じま》利《り》三郎《さぶろう》が説いたように、「逆臣」論は受け入れられない、という意味である。

いま示した「いつしかまぎれもない一つの〝歴史〟と見なされるに至っている」という文章は、「逆臣」論への評論であって、「阿麻和利の乱」のあるなしを論じているものではない。高良はこの乱があったということには、伊波と同様、少しの疑問も抱いていない。何の根拠も示さずに、である。私は、「いつしかまぎれもない一つの〝歴史〟と見なされるに至っている」という文章を、阿麻和利の乱があったという評論そのものに対して使いたいと思う。

もう一つ。高良は、田島・伊波説について、①「逆臣」論の批判、②むしろ阿麻和利は「〈古英雄〉中の最後の人物」だとの論、③「逆臣」説は「近世期に忠臣護佐丸を祖とあおぐ毛姓一門の作為がおよんだからではないか」との論、この三つに要約している。そして①と②については「私も同感」としている。

③については、次のように述べている。「正史の嚆矢《こうし》『中山世鑑』（一六五〇年）にはまだ阿

麻和利の乱は登場しないが、その後系図座《けいずざ》が設置され（一六八九年）、家譜・由来記の類が編纂《へんさん》される時点から阿麻和利の名が登場し、そもそものはじめから逆臣として取り扱われている経緯を考えると、正史に『毛姓家譜』や『毛氏由来記』などの立場・評価がおよんだことは十分うなづけるのである」。そして続ける。「結論的にいえば、阿麻和利を逆臣とする見方は阿麻和利の時代に生まれたものではなく、それから二五〇年後の近世期につくりあげられたものではないか、と私は考える」。

高良は、ここでも「逆臣論」についてのみ論評している。「二五〇年後の近世期につくりあげられた」のは、「逆臣論」だけでなく、「阿麻和利の乱」そのものではないだろうか。

沖縄史に戦争はない

田名真之《だなまさゆき》「古琉球王国の王統」（共著『〈新版〉沖縄県の歴史』のうち）の中で、いわゆる「三山統一」後の一四五八年に「阿麻和利《あまわり》と護佐丸《ごさまる》の乱がおきている」、いずれにせよ、彼らは「相《あい》前後して中山軍に亡ぼされた」と書いている。

三山は互いに抗争していたといわれているが、実は明への使者は互いに提携して派遣されており、抗争してはいなかったようだと述べていたのは、田名自身である。田名の見解は一貫していない。

田名はこうも述べている。「一五世紀初頭、三山統一をなしとげたのは尚巴志である。南部の東《ひがし》四間切の佐敷《さしき》を拠点とする、地方の按司にすぎなかった佐敷按司・尚巴志が、中山、南山、北山をつぎつぎと破って統一国家の主となったのである」、「尚巴志政権は、…強大な軍事力でもって、武寧を倒して中山を奪取した政権だ」と述べている。ここには、「強大な軍事力でもって」「つぎつぎと破っ」たと書かれている。田名においては、三山の「抗争」はなかったのではなく、「戦闘」さえあったという理解になっている。

田名のつまずきは、「阿麻和利・護佐丸の乱」を認めたことにあると思われる。

上里隆史《うえざとたかし》『海の王国・琉球』(二〇一二年)は、阿麻和利の乱にかかわって、次のように述べている。「勝連グスク」は、おもろさうしに「その繁栄ぶり」が謳《うた》われている。その遺跡からは、首里城・浦添グスク以外では「唯一、瓦葺き建物を持つ異例のグスクであった」。「鉄鏃《てつぞく》(矢じり)」も「ほかのグスクを凌駕《りょうが》する量が出土して」いる。中国陶磁器も多数出ている。「交易力」を持っていたと考えられる。しかし、いわゆる「三山」とは「その規模において段違いの格差がある」。そして、その地は「那覇のような規模での港湾都市には発展しなかった」。

「一方の主役」である護佐丸については、次のようにいう。護佐丸は「伝承」で、「奄美を勢力下に置いていた」、あるいは座喜味《ざきみ》城を築いたとき、「奄美から人夫を調達した」といわれるが、それらは琉球王国の奄美支配をこの一族が担っていたということであって、独立性があったのではなかろう。また、護佐丸を謳ったオモロはない。

上里は、史料を駆使して解明しようとしているが、なにしろその史料そのものがほとんどなく、阿麻和利の乱を確定するには至らなかったようである。

この問題を整理しておこう。グスクを戦いの砦とし、そこは武士である按司が拠点としていた、という理解が前提になっていて、ならば戦闘・戦争もあっただろうと、推測に推測を重ねていったのである。そこに護佐丸の子孫と称する人びとから「家譜」が提供された。そして、「乱」が史実のように語られることになった。

すでに示したように、グスクは戦いの砦ではないし、按司は武士ではない。そこに描かれている「乱」「戦争」も、兵の人数、武器の種類や数などの兵力や、かかった日数などを、具体的に描くことはなく、ただ「戦った」としているだけである。「なかった」から、そのようなあいまいな記述しかできないのである。

沖縄の歴史に、戦争は一つも起こっていないことを、僻《ひが》むことはない。

第7話
「大交易時代」はあったか

できた事情は別としても、琉球王国は「大交易時代」を謳歌《おうか》したという。自らの産する交易品のほとんどない琉球は、「中継貿易」をしていたのである。そのような琉球が「大交易」を展開できただろうか。ここでは、琉球王国成立後の対外交易が、どのように展開したのかを検討する。この問題は、このような交易を琉球にゆだねるために、中国（明）が琉球王国を「つくらせた」という問題と表裏の関係にあるから、そのことを念頭においておく必要がある。

「大交易時代」の命名者―高良倉吉

この対外交易のことを「大交易時代」と名づけたのは高良倉吉《たからくらよし》である。高良は『琉球の時代』（一九八〇年）で、目次に「第三章　大交易時代」を掲げ、初めて「大交易時代」を提唱した。高良は『琉球王国』（一九九三年）で、次のように述べている。

「一四世紀末から一六世紀中期まで、アジア世界にはばたいた琉球の海外貿易隆盛の時期を、わたしは世界史の大航海時代を念頭におきつつ、〈大交易時代〉と命名した」。

高良は、命名した理由を次のように述べている。「その理由は二つある。一つは、古琉球における王国形成の過程を広くアジア世界のなかでとらえる必要があり、そのために古琉球の帯びるアジア史的な性格を力説したかったためである。いま一つは、右の点に関連するのであるが、王国形成において貿易の利益が物質的な基礎となったこと、国際社会との交流が王国形成にとって教師の役割をはたしたこと、などの問題を強調したかったからであった」。

理由の第一は、琉球王国の「形成過程」は「アジア史的な性格」をもっている、ということである。その第二は、琉球王国の「形成過程」はまた、「貿易の利益」を受け取り、「国際社会」からいろいろと学んで、現実化したということである。

高良の論の特徴は、一世紀半におよぶというこの「大交易時代」を「王国の形成過程」ととらえていることにある。「形成」とは、「形を成《な》していく」ことである。琉球王国は、まだよく「形を成していない」ので、この長い期間に少しずつできていったとしていることになる。私はこの見方に賛成だが、高良自身は本当にそう理解し、そう論じているだろうか。

高良『琉球の時代』は、小葉田《こばた》淳《あつし》・安里延《あさとのぶ》の資料に基づいて作成した「東南アジア派遣琉球船隻《せんせき》状況」という表を掲げている。しかし、時代的な変遷は検討していない。その末尾には

「一四世紀末から一六世紀にかけて、琉球内部では王国形成の運動が着実に進行し、外部に対しては中国との関係を主軸とする壮大な対外交易が展開した」と書いている。先に引用した文章と同じ趣旨である。

高良『アジアのなかの琉球王国』（一九九八年）は、琉球王国が「優秀な船舶」を持っていたことを強調して、「福建《ふっけん》型ジャンク船の流れを汲《く》む琉球の進貢船＝貿易船＝海船は、その当時としては安全性に十分にこたえる高いレベルの船舶であった。それゆえに、数百年にわたって東シナ海の荒海を往来することができたのである」と述べている。「数百年」という表現は、普通には五、六百年を意味するだろうから、察度《さっと》の進貢から数えると一九世紀後半までに当たり、それこそ「終わりなき大交易時代」を描いていることになる（船舶そのものの議論はのちに扱う）。

高良の先行者―小葉田淳・安里延

ところが、小葉田淳も安里延も、高良倉吉とは異なって、その盛衰、発展と衰退の過程に着目していたのである。

小葉田淳『中世南島通交貿易史の研究』（一九三九年）は、「歴代宝案《れきだいほうあん》」によって、明・東南アジアに出かけた琉球船について、一覧表にして示している。そのうえで、次のように、三つの時期に区分している。

第一期　尚巴志《しょうはし》―尚円《えん》（一四二三～一四七六年、五三年間）

第二期　尚真《しん》―尚清《せい》（一四七七～一五五六年、七九年間）

第三期　尚元《げん》―尚永《えい》（一五五七～一五八八年、三一年間）

そのうえで、第一期のなかの、一四三〇年から一四七〇年が「最盛期」だといい、そのなかでも一四五五年から一四六〇年の五年間が「頂点」だったとしている。次の尚真の時代については、こう述べている。尚真は、大きな「政治工作」や土木事業を行なったとされているが、それはそれ以前の蓄積によるものであって、尚真の時代の交易によって栄えたのではないであろう、と。海外貿易についていえば、「下降の途《みち》を辿《たど》る」時代であり、次の尚清の代になるとやや持ち直すが、以後は衰退していくとしているのである。

高良の議論と対比してみよう。「ついに一五〇七年、皇帝は尚真の［一年一貢に、という―来間］嘆願行動に根負《こんま》けして、一年一貢を認可することにした。以後、琉球の対中国貿易はますます活発化し、多くの船隻が東シナ海を越えて中国に渡航し、商物を満載して帰ってくるようになった」。小葉田とはまったく反対に、尚真以後こそ「ますます活発化した」としているのである。

安里延『沖縄海洋発展史―日本南方発展史序説』（一九四一年）は、「察度が始めて明に入貢した」年である一三七二年から、「薩琉の役」の一六〇九年までを「中世」と名づけて、その「中世」をさらに三つに区分している。

第一期　察度―武寧《ぶねい》・思紹（五〇年間）

第二期　尚巴志―尚真（九〇年間）

第三期　尚清―尚寧《ねい》（八〇年間）

それぞれは次のように位置づけられている。第一期（一三七二～一四二八年）は海外貿易の「創始期」、第二期（一四二九～一五二二年）は海外貿易の「隆昌時代《りゅうしょう》」、第三期（一五二三～一六〇九年）は海外貿易の「衰頽時代《すいたい》」である。「隆昌」は「隆盛《りゅうせい》」と同じ意味である。

第二期は、①一四三五年に「進貢使者の北京に入る者を二〇人に定め」られた。②一四三九年には「琉球の遣明船《けんみんせん》を毎年二隻とし、その人員を毎船一〇〇人乃至《ないし》一五〇人に限定」された。③一四七二年には「二年一貢に制限し、その定員も一〇〇人に制限」された。このような制限がかかってきた時代なのだが、そうであっても安里はこの第二期を「貿易の隆昌時代」としている。

その理由は、尚巴志が明への進貢を盛んにしたほか、それがいろいろな制限にあっても、なんらかの名目をつけて遣明船を多くし、進貢貿易の利を得ることに努めたからである、というのである。さらに、このような対中国の関係だけでなく、「南蛮貿易」も活況を呈するし、那覇港が「国際港」として開設されたこともその一つである、と説明している。

この間には、尚円の政権奪取と、尚真の「一年一貢」請願のことも含まれている。実際の進貢船の数によってではなく、政策的な対応を重視して「隆昌時代」としたのである。

近年の研究者

近年の研究者の議論も見ておくことにしよう。

生田滋《いくたしげる》「琉球中山王国と海上貿易」（共著『琉球弧の世界』のうち、一九九二年）は、「琉明関係」を七つの時期に分けて論じている。それは表3に集約されているが、これには第一期と第二期の前半が含まれていないので、生田の記述によりながらこれを改定したのが、別に掲げた表である。

細かい記述は略して、「琉明関係の概略」とした要約部分を掲げる。「まず、第一期と第二期は、琉明関係が最も緊密な時期であり、泉州《せんしゅう》の国際貿易が琉球を基地として行われた時期である。これを前期としたい。次に、第三期、第四期、第五期は、明側で琉明関係を規制しようとした時期であり、中国からは私貿易船が多数来航していた時期である。これを中期としたい。

生田・表3の改定表　各期別年平均の進貢船数・馬・硫黄の数量

		期間	年数	進貢頻度	進貢船	馬	硫黄
					指数	指数	指数
前期	第1期	1372～1382	11年	2年1貢	-	-	-
	第2期	1383～1424	32年	1年2貢	-	-	-
	その後半	1425～1439	14年		100	100	100
中期	第3期	1440～1477	37年	1年1貢	51	41	93
	第4期	1478～1506	28年	2年1貢	46	34	75
	第5期	1507～1517	10年	1年1貢	37	29	72
後期	第6期	1518～1547	30年	2年1貢	20	9	23
	第7期	1548～			26	5	16

（原注）『歴代宝案』より算出。記録の欠失している年のある場合は、その年を計算から除外してある。

（引用者注）期間、年数、進貢頻度の欄を加えた。進貢船の隻数、馬の頭数、硫黄の斤数の実数は略して、生田の「前期比」はそれぞれ「指数」と取り替えた。

第六期、第七期は、琉明関係が名目的になった時期であり、…琉球が国際貿易の基地としての役割を失った時期である。これを後期としたい」。

なお、表の引用に当たって、「前期比」を「指数」に置き換えたが、この指数に着目すれば、進貢船の隻数は一五世紀半ばが最高で、次には半減、さらに三七に落ち、ついに二〇台にまで減少している。馬の場合もほぼ同様の動きである。硫黄《いおう》だけは、一六世紀初期まで水準が保たれている。

岡本《おかもと》弘道《ひろみち》『琉球王国海上交渉史研究』（二〇一〇年）に収められている「明朝における朝貢国琉球の位置づけとその変化―一四・一五世紀を中心に―」（一九九九年）は、次のことを指摘している。

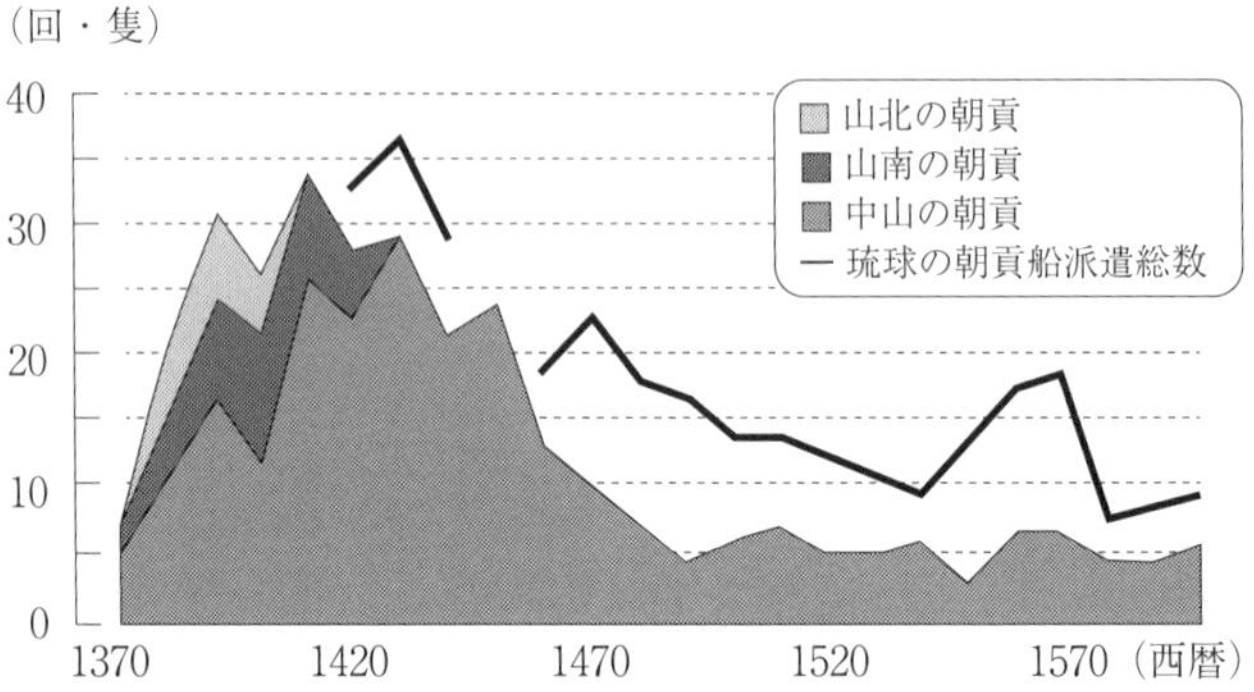

10年期単位の琉球朝貢の動向

出典：岡本弘道『琉球王国海上交渉史研究』（榕樹書林、2010年）

『明実録』から確認できる朝貢頻度《ひんど》と、『歴代宝案』から確認できる朝貢船派遣頻度について、西暦編年を基準にして、一〇年単位での三山各勢力別の時代的推移をグラフにしたのが図1である」。これによると、洪武一年（一三八三）以後、「急激に朝貢頻度は増大してゆく」。その後、一四三〇年代までを「最盛期」としていい。そして、「一四四〇年代から朝貢頻度は減少に転じている」。一四四〇〜五〇年代は不明だが、「一四六〇〜七〇年代の「全体的な減少傾向は明らか」であり、一四八〇年代以後は「徐々に減少傾向を強めている」。

さらに朝貢品の数量も検討して、結論は「琉球の対明朝貢貿易の最盛期は、遅くとも一四五〇年代以前に設定されなければならない」となっている。

田《だ》名《な》真之《まさゆき》「海外交易と琉球」（共著『〈新版〉沖縄県の歴史』二〇〇四年のうち）は、次のように述べている。

「進貢貿易も含め交易がもっとも隆盛《りゅうせい》をきわめたのは一五世紀前半」であった、「一五世紀前半、最盛期を迎えていた琉球の海外交易は、同世紀後半に至るとしだいに陰《かげ》りをみせはじめ、一六世紀にはいるとあきらかに衰退に向かい、後半には東南アジア交易はついに終焉《しゅうえん》を迎えることとなる」。

明は「海禁」政策を打つ一方で、来琉中国人を利用して「琉球王国」を仕立てて、しばらくは琉球を拠点にした交易を行わせていたが、その後、この「琉球を拠点にした交易」の魅力が後退して、琉球を離れていくようになる。

田名は一五七〇年を最後に、琉球船が東南アジアに行くことはなくなった、と書いている。「その後は、明朝への進貢を細々と続けたが、それさえも航海に人を欠くありさまで、指定の福州《ふくしゅう》に辿《たど》り着けず、漂着を繰り返していた。航海をになってきた久米村人が琉球をみすてたのである。琉球の進貢貿易の再出発は、島津侵略を経た近世に至ってからである」。

田名は、「大交易時代」という表現を受け入れているが、その書いたものを読むと、どこに「大交易時代」が見えるのかと、不思議に感じられる。なお田名は、一九九九年一二月、アジア史学会研究大会のシンポジウムで、「大交易時代の琉球は一〇隻そこその貿易船しか持ち合わせていなかったのではないか」などと発言し、「大交易時代が史実以上に〝独り歩き〟することに警鐘を鳴らした」と報道されている（『沖縄タイムス』一二月六日付け）。

このように、高良倉吉を除いて、すべての研究者が「最盛期は一五世紀前半まで」としている。強《し》いて「大交易時代」というとすれば、一五世紀の半ばまでの五〇年間ほどに限るべきであろう。これを「大」交易時代といっていいのだろうか。

中継貿易

琉球がおこなったのは、中継（「ちゅうけい」または「なかつぎ」）貿易だった。琉球には他の地域の欲しがる物品が少なかったからである。琉球産の物品としては、わずかに硫黄《いおう》と馬と貝殻類があっただけである。

硫黄は、沖永良部島《おきのえらぶじま》の北方にある硫黄鳥島《いおうとりしま》（今は久米島町《くめじま》に属している無人島）で産した。それは、掘っても掘っても、また生まれ出てくる。生産するのではなく、採取するのである。

馬は、現在も与那国島《よなぐにじま》などで見られる小型の馬である。これも、人びとが飼育しているのではなく、野外にいるものを捕えてくるのであろう。牧場の経営でもないと思われる。もちろん、それを船に乗せて中国に運ぶためには、その前にしばらくは飼育して、「野生の馬」から「おとなしい馬」にすることが必要だったことだろう。

貝殻類（ヤコウガイなど）は、海から獲《と》ってくるものである。

いずれも、「生産」以前の姿である。それは、当時の琉球という社会が、経済的に未熟で、農耕も盛んでなく、加工産物もなかったからである。そのために、中継貿易にしかならないのである。

ところが、この中継貿易を誇らしく論ずる人もいる。高良倉吉である。かれは『琉球の時代』で、次のように述べている。

琉球の「交易は、みずからの土地に産する商物を他国に売るというようなスタイルをとるのではなく、たとえば、中国産品を日本・東南アジアに、日本産品を中国・東南アジアに、東南アジア産品を中国・日本に売るというような仲継《なかつぎ》貿易のスタイルをとるのであ」る、と。

後半の文章は「仲継貿易」の姿を描いている。これに対比されている前半の文章は、「みずからの土地に産する商物を他国に売るというようなスタイルをとる」貿易の姿を描いている。この、前半のような貿易を、否定的に表現しているのである。そして、これがこの本の「新版」(一九八九年)では、単に「スタイル」ではなく、「単純なスタイル」となっている。高良の頭のなかでは、仲継貿易こそが進められるべきで、前者は否定的な貿易の姿と映っていることを示している。

しかし、高良はここではいっていないが、のちの『アジアのなかの琉球王国』(一九九八年)では、正しく次のように述べている。「しかしながら、琉球の生産物は量、質ともにあまりに少なく［「少なく」は量についての評価であり、「質が少ない」というのは意味不明だが、「貧弱で」とでもなるのであろうか］、自前の生産物のみで中国商品を大量に買いつけることはできなかった」。

それではどうしたのだろうか。「つまり、低位の商品生産国であるというハンディキャップを乗り越えるために、琉球は典型的な中継貿易方式を採用した」。「仲継」は「中継」となっている。

中継貿易という形式は、「たくみに演出しえた」（『琉球の時代』）というようなものではなく、琉球には産品がほとんどなく、この中継貿易には琉球の産品は主役としては登場しないのである。「中継」しかできないから「中継」したのであり、琉球の産物の貧しさから採用した、採用せざるを得なかった形式なのである。

それでも高良は、中継貿易を前向きに描く。「琉球の中継貿易方式は、中国との進貢貿易が順調に推移すればするほど、他のアジア諸国との貿易もまた順調に推移する、という構造になっていた。琉球の海外貿易の範囲が、東アジアから東南アジアにまたがったのは、中継貿易という方式そのものがもたらした結果だったのである。対中国貿易を根幹とし、それを日本、朝鮮、東南アジア貿易ルートにまで展開する、という構造になっていた」。

高良は、曹永和《そうえいわ》（台湾大学名誉教授）の話に飛びついて、中国から「琉球優遇策」がとられた理由を「軍馬の需要」に求めている。『アジアのなかの琉球王国』である。

高良が紹介する曹の話は、次のようになっている。「明朝が建国されたといっても、モンゴル勢は万里《ばんり》の長城《ちょうじょう》の北側でまだ力を残しており、…洪武帝《こうぶてい》は…軍事行動を継続しなければならなかった。その軍事行動において軍馬は必需品の一つであったが、しかし、馬の調達ルートの多くはいまだにモンゴル人の影響下にあった。そこで洪武帝が注目したのが琉球であり、その島々で大量に飼育されている馬を軍馬として入手するために、積極的な輸入策を推進した」。

このことに加えて、「かなりの数のジャンク船が、琉球に対し無償で支給されている」ことにも触れて、「明朝の国内事情（軍馬に対する需要）が琉球を必要としたのである」と述べている。

高良はここからさらにエスカレートして、「平たくいえば、琉球は明朝にとっていわば〈恩人〉なのであり、〈恩人〉に対する方策として、琉球優遇措置が図られたのである」とまで上りつめていくのである。

これついては、岡本弘道の批判がある。岡本は先にも紹介した「明朝における朝貢国琉球の位置づけとその変化」で、次のように述べている。

「高良倉吉氏は、特に軍馬の供給地としての側面に注目し、不足していた軍馬を供給した〈琉球は明朝にとっていわば「恩人」なのであり、「恩人」に対する方策として琉球優遇措置が図られた〉としているが、この認識には問題がある」。

これについては平田守《ひらたまもる》「琉明関係における琉球の馬」（『南島史学』第二八号）が「詳細な検討」をしており、「琉球から朝貢された馬匹《ばひつ》数には一貫性がなく、〈明の馬政において琉球の馬は計算外であった〉」と書いていることを紹介している。

ただ平田も、洪武一六年（一三八三）に梁民《りょうみん》が九八三匹も購入した事例だけは「純粋に琉球の馬を獲得するものであった」ことを認め、それを例外としている。それでも岡本は、梁民や路謙《ろけん》が派遣された目的からは「市馬［馬を買うこと］はあくまでも二義的な目的に過ぎなかった」という。

それでは何が目的だったのだろうか。もっと根本的な理由があったのである。

琉球優遇政策

岡本弘道は、明朝が日本に倭寇の取り締まりを求める路線が行き詰まり、その政策は転換する、と描く。そして、「朝貢体制の枠外にある倭寇勢力・密貿易者の勢力に対しては、海禁・海防・勘合制度などによって徹底的に排除してゆく」のだが、その一方で、「琉球という新興勢力」を、朝貢体制の中に積極的に組み込んで、放っておけば「密貿易者」とならざるを得ないような海商勢力に「受け皿」（逃げ場—来間）を提供することによって、朝貢体制を維持していく路線を選んだのである。「琉球優遇政策」は、まだ「強力な王権」が存在せず、中国との外交関係も存在しなかった東シナ海世界に、「新たな海上交易勢力」として琉球を育て、「倭寇のような秩序の外側に置かれた海商」を含める対策だったという。

岡本は、「琉球王国の成立」を、そのように理解しているのである。やはり、「琉球王国」は中国・明が「つくり上げた」のである（第4話）。

安里延《あさとのぶ》は、「優遇」という言葉は使っていないが、「琉球優遇策」を指摘した最初の人である（『沖縄海洋発展史』）。

「明は、国庫の支出が多くなることを充分に自覚しながらも、中華の主《ぬし》であるという威容を内外に示すためには、小国琉球のために蒙《こうむ》る損失などは無視して、その朝貢を受けたのである」。のちには「琉球が毎年、絶間《たえま》なく進貢してくるので、ついに明朝に嫌われるようになったが、それでも懐柔策《かいじゅうさく》として、明廷はこれを制限することが出来なかったのである。実に、この時期［第一期］は、無条約・無制限の時代であり、明の懐柔款待《かいじゅうかんたい》の最も徹底した時代であった」。

その事例として、次のことをあげている。①朝貢船が不足といえば、それを支給してくれる、②船が破損すれば、それを修理してくれる、③給賜品《きゅうしひん》の変更希望を出せば、そうしてくれる、④船工・通事《つうじ》［通訳］が不足といえば、閩人《びんじん》を移住させてくれる、⑤進貢品を調達する金銭が不足しているといえば、支給してくれる、⑥中国の法に触れることがあっても処罰しない、⑦琉球からの使者には、滞在中と帰航の費用を支給する、⑧留学生に対しても衣食を支給する、などを挙げている。

「当時の明朝は、琉球のどのような願いをも、聞きいれたのである」、「琉球は進貢の美名にかくれて、莫大な利益を占めることができたのである」、「第一期は、無制限・無干渉の時代であり、柔遠《じゅうえん》策の徹底せる時代である」。しかし、「琉球のすべての願いを許した第一期の無制約時代は、長くは続か」なかった。

近年の研究者が「琉球優遇策」としているものを、安里は「懐柔策」「柔遠策」「懐柔款待」と表現している。このことを指摘した点で、安里延はその先駆者である。

なお、村井章介《むらいしょうすけ》「古琉球と列島地域社会」(共著『新 琉球史』古琉球編、一九九一年のうち)も、『海から見た戦国日本―列島史から世界史へ―』(一九九七年)も、安里や岡本と同様に述べている。

琉球優遇政策の転換

一方で、明と日本との関係がしだいに修復されていった。足利義満《あしかがよしみつ》がその口火を切る(一四〇三年）が、一代休んで（一四一一〜三一年）、三代目の義政《よしまさ》がまた朝貢貿易を復活し（一四三二年）、一五五〇年までに一一回続いた。日本では「勘合貿易《かんごう》」といった。「勘合」という割符で照合するからである。

こうなると、明にとっての琉球王国の存在意義は薄れていかざるをえない。明に対する琉球の朝貢貿易が、「三山統一」といわれる時期のすぐあと、一五世紀の最初の三分の一期をピークにして、早くも衰退が始まったのはそのことと関連している。

琉球優遇政策も、いつまでもは続かなかった。岡本弘道は、琉球の対中国（明）貿易は、実態として衰退していっただけでなく、政策的にも衰退させられていったことを指摘している。「対琉球優遇政策」は「明一代を通じて維持されたというわけではない」のである。

小葉田《こばた》淳《あつし》も「明代中期以降、明朝が諸国の朝貢に対して漸次《ぜんじ》設けていった諸制限」に触れ安里延も同様の議論をしていた。

岡本による。まず、「正統《せいとう》年間に入ると、一転して貢期の制限が命じられるようになる」。一四三七年には占城《チャンパ》に対して、一四四三年には爪哇《ジャワ》に対して、それぞれ「三年一貢」が命じられている。暹羅《シャム》に対しては特にないが、それは実態として「三年一貢に近い状態」にあったからであろう。「ともあれ、一四三〇年代後半から四〇年代にかけて、明朝側はこれらの朝貢国に対して貢期制限を再設定し、朝貢頻度を押さえようとする姿勢を明確にしたこと、そして五〇年代にはそれが実現したことは明らかである」。

勘合貿易を進めていた日本に対しても、一四五三年の入貢が「海船九隻、随行員の総数は一〇〇〇人を超える大規模なものであり、当然その附搭貨物《ふとうかもつ》（朝貢品以外の販売用貨物）の数量も膨大なものだった」ので、明側は買上価格を下げたりしたが、「この時点で明朝の日本に対する姿勢が一変していた様子がうかがえる」。その兆候は一四三六年にもすでに表れていた。

琉球との関係も変化していく。一四五二年に、明朝は福建《ふっけん》の沿海住民に対して「琉球国」と交通することによって「寇《こう》を為《な》す」（侵《おか》す）ことにならないようにせよ、という「禁令」を出した。ここには「海寇［倭寇］と結びつきかねない潜在的脅威として琉球国を認識している様《さま》が見て取れる」と、岡本はいう。

まず現れたのは「海船の賜与」をめぐる変化だった。それまで琉球に対しては「海船の賜与」がしばしばなされているが、一四五〇年になると、「琉球側が費用を負担する形での海船建造」に切り換えられた。一四五九年には、琉球が附搭貨物に対して「銅銭」で支払うように願っても許されなかった。

岡本は続けている。「成化《せいか》年間［一四六五〜八七年］においては、琉球への朝貢制限がさまざまな形で表面化してくる」という。
①「貢道《こうどう》」（朝貢使節入貢の地）は、当初は「柔軟な対応」だったが、一四六九年に福建《ふっけん》に

限られた。一四八八年に浙江《せっこう》に来た琉球の貢船に対し、「二年一貢の貢期」に違反したことと「貢道」の違いを理由に、いったんは朝貢を許さなかった。

②一四七二年に、中国に住み着いている琉球人を帰国させよと指示した。

③一四七四年に、琉球使節による中国人殺害・強盗事件が起き、翌年に「二年一貢」「最大人員一五〇人」とされた。尚真《しょうしん》代の一五〇七年に「一年一貢」とされるものの、一五二二年にまた制限された。

④朝貢頻度《ひんど》は、かつては「不時」（いつでも可）だったが、一四六〇年代には「一年一貢」になっていたとみなしうる。

こうして、一四六〇年代後半から一四七〇年代前半は、朝貢に関して各種の制限が加えられ、「対琉球優遇政策」は「転換」した。岡本は、明の対琉球政策が倭寇との関連で、当初は「優遇」し、後には「後退」していったと描いているのである。

「大交易時代」成立の条件―高良倉吉

高良倉吉は『琉球の時代』で、「ところで、東アジア・東南アジアにまたがる、かくも壮大な交易ルートをなぜ琉球は築きえた［展開しえた］のだろうか」と自問している（「新版」での表現の修正は［］に示す）。そして「この問題は、客観的条件と主体的条件に区別して考えてみる必要がある［考えるべきだと思う］」としている。

客観的条件は、「中国の朝貢貿易体制と海禁政策」であり、主体的条件は、四つある。船舶、航海術、通訳、統一国家、この四つである。

なお、高良が「壮大」としているのは「交易ルート」の広がりのことである。しかし、かれ自身は、そこから交易そのものも「壮大」だと取り違えたように見える。

「客観的条件の主な要因［主因］は、やはり、中国の朝貢貿易体制と海禁政策を抜きには語れない」。「琉球の対外交易の隆盛を認識するカギ」は、「東アジア・東南アジアの国々が琉球を一つの〈市場〉〈卸問屋〉［新版では〈市場〉が削られている］として相互に依存しあう構造であり、その構造をたくみに演出しえた琉球の位置である［新版では「演出」が「形成」になり、「の位置」が削られている］」。

琉球が築いた「壮大な交易ルート」の「客観的条件」として、「中国の朝貢貿易体制と海禁政策」があったからこそ可能になったということである。そのとおりであろう。

しかし高良は、「東アジア・東南アジアの国々」は琉球を利用して、相互に交易したが、それを「演出」したのは琉球であった、そのような位置に琉球があったからできたのである、とも述べていた。

「東アジア・東南アジアの国々」の相互の交易を、琉球が「たくみに演出し」ただろうか。その主体は琉球にあっただろうか。中国の商人たちは、宋《そう》や元《げん》の時代から、東南アジアを含む東アジアに広い交易圏をつくり上げていた。琉球はその中に組み込まれたのであり、中国が琉球にそうさせたと考えるべきであろう。

続けて「主体的条件」の第一に進めている。それは「やはり船舶・造船術の問題［新版では「船舶の性能および造船技術の問題」となっている］であろう。…しかし、まったく意外なこと［新版では「まったく」が削られている］だが、…船隻《せんせき》は中国の皇帝からタダで支給された大型のジャンク船であった。『明実録』には皇帝が琉球へ海船を下賜した記事が多く登場しており…」。

「だが、いかに中国皇帝といえども、こうした温情ぶりを発揮できるのは国庫がゆたかな時期までであって、国力が衰えるにしたがい、支給船隻の数量もしだいに下降線をたどり、一五世紀後半からは海船給賜の例が目立って少なくなっている。こうした状況を迎えて、琉球でも中国式の造船術による〝メイド・イン・リュウキュウ〟のジャンク船を建造するようになった」。

高良は、明の皇帝が船舶を賜給したことを「まったく意外なこと」と受け止めている。高良がそう受け止めたのは、琉球自体が船を持っていたと思っていたからであろう。高良は、その理由には触れない。琉球が船を持っていなかったことには深入りしたくないのである。

高良が強調し印象づけるのは、そのうちに「琉球が自ら造船するようになった」ことである。つまり、船舶をもらったのなら「主体的条件」はなかったことになる。しかし、ずっとのちになってのことではあるが、琉球自らが造船したことを前面に出すことによって、「主体的条件」の一つに加えたのである。

事実は、豊見山和行《とみやまかずゆき》「南の琉球」（二〇〇二年）によれば、次のとおりである。朝貢開始後ほぼ一六〇年間は「海船の無償配給」を受けていたのであり、その後中国民間船の買い上げの時代があり、ついには「自力での造船」の時代に至るが、それはジャンク船ではあるが、ほぼ半分の大きさの小船だったのである。

「主体的条件」の第二は、次のとおりである。「第二の問題［新版では「条件」となっている］は航海術である。…航海の最高責任者ともいうべきこの火長《かちょう》［船長］は、ほぼ例外なしに琉球に帰化および居住する中国人［新版では「琉球に帰化した中国人」となっている］であったことも重要で、航海術に優れた中国人が大きく関与していたことが注目される」。

高良は、ここで船長をはじめとする航海技術者は中国人であったことを認めているが、それを「琉球に帰化および居住する中国人であった」「琉球に帰化した中国人」とすることによって、「実質は琉球人」であったと印象づけているのである。しかし、もともと琉球にいた中国人も参加しただろうが、航海技術者は船舶とともに明が提供して、琉球に住まわせるようになったのである。

これを「主体的条件」とすることはできるだろうか。

「主体的条件」の第三はこうである。「それにまた、海外に派遣された使節団の中の〈通事〉(通訳官)も例外なしに中国人であった。中国との進貢貿易のみではなく、東南アジア諸国への使船への通事も中国人である」。「外交文書」の作成もすべて中国人である。「したがって、こうした技能を有する中国人集団の存在も主体的条件の三点目としてあげねばならないだろう」。これも、在留中国人を「琉球の主体」であると強弁している。

なお、「旧版」にあった「海禁政策下における、琉球でのこの中国人技能集団の活動は、むろん、基本的には皇帝の認可・理解を得たものである」の章句は「新版」では削られている。これは事実ではなかったから削ったのではなく、強調したくなかったから削ったのであろう。通訳や文書作成者も中国人だった。それは明の皇帝が派遣したものか、または自らやってきたが、朝貢貿易の支えとしての役割を担った人びとであった。そのことがなぜ琉球の「主体的条件」といえるのだろうか。

「このように見てくると、琉球の対外交易を支えた客観的・主体的条件に占める中国の存在はまことに巨大であったといわねばならないが、今一つ主体的な条件として加えねばならないのは、主体たる琉球が三山を経て第一尚氏王朝という統一国家を持つに至っていたということである。というのは、あれほど対外交易を活発に営んだはずの琉球であるにもかかわらず、その社会には一人の商人もいなかったのである［新版では「海外貿易商人は一人としていなかった」となっている］」。

高良も「中国の存在はまことに巨大であった」と認めているが、それを「客観的・主体的条件」ということによって、「客観的条件」なのか「主体的条件」なのかをぼかしている。

それでも話を「主体的条件」の方に向けて、ここでもうひとつ追加している。いわば「主体的条件」の第四である。それは「統一国家」を持っていたことだというのである。そうではないであろう。中国の朝貢＝冊封体制に入ったときは、「三山統一」の前だった。「統一国家」はその後にできたのである。できたらまもなく交易は衰退過程に入った。

また、当時の「琉球」に「一人の商人もいなかった」ことは、「琉球」の対外交易が、琉球人の手によって積み重ねられていって、自立的に、主体的に展開したものではないということを、心ならずも指摘していることになっている。

このように見てきたとき、「大交易時代」があったとは、とてもいえるものではない。琉球王国成立当時の、ごく短い期間には、それなりにあったといってもいい（その場合は「大交易」の「大」は削るべき）だろうが、琉球王国時代全体がそうであったかのように、針小棒《しんしょうぼう》大《だい》に書き立てることは、慎むべきであろう。

第8話

尚真の世は「黄金時代」か

王権は「第二尚氏」に移る。それは「革命」だったといわれている。そうだろうか。また、この時代を代表するのが尚真《しょうしん》で、一五世紀末から一六世紀の前半、ほぼ五〇年間にわたって王位にいる。この時代には多くの業績が積み上げられ、「黄金時代」だったという評価もある。尚真の業績とは、どのようなものだろうか。そのことを踏まえて、それを「黄金時代」ということはできるのだろうか。

第二尚氏政権成立と「革命」説

琉球王国は、はじめは渡来中国人を支えに「つくり上げられ」、その支援下にあった。すでにみたように、対外交易が盛んだったのは、一四世紀の七〇年代から一五世紀の三〇年代までの半世紀くらいのことで、その後は振わなくなる。それにつれて、琉球にいた中国人がしだいに去っていき、王国は存亡の危機を迎える。

そこで時代は「第二尚氏政権」に移る。始祖の金丸《かなまる》は臣下であったが、王になって尚円《しょうえん》を名乗った。それまでの「尚氏」とは異なる系統でありながら、中国に対しては「尚氏」を名乗りつづけた。

第二尚氏の時代は、次のような時代だったと考えられる。トラブルを起こしたことが原因で朝貢回数が減らされ、中国との関係が弱まり、また、王国の政治を支えていた中国人宰相《さいしょう》（王の補佐役）たちもいなくなっていく。そのことが、かえって琉球が「自立」を目指して立ち直り、独自性のある「国家」になっていくことにつながった。その意味で国家として「確立」していくきっかけになったのが、この「第二尚氏政権」の発足だったのである。一四七〇年のことである。

多くの論者がこれを「確立」としている。その意味合いは、たんに「成立」でなく、「しっかりとうち立てた」ということだと思われる。

その三代目の尚真王（在位一四七七〜一五二六年）がこの時代を代表している。尚真の時代の業績については、正史（『球陽』ほか）や百浦添欄干《ももうらそえらんかん》之銘《のめい》や国王頌徳碑《しょうとくひ》（二つ）に書かれている。一四九八年の国王頌徳碑には、人を殺すことを好まず、仏に仕え、円覚禅寺を創建したとあり、一五二二年のそれには、殉死《じゅんし》を禁止したとある。

百浦添欄干之銘は、一五〇九（尚真三三）年に、首里城正殿前の欄干に刻まれた銘文である。

「百浦添」は「ムンダスイ」とも読んで、首里城のことを指しているから、「首里城欄干の銘」ということになる。伊波普猷《いはふゆう》は、これは「モモウラオソイ」（百浦襲い）からきた言葉だといっている。

伊波『沖縄歴史物語』（一九四七年）は、第二尚氏の登場を「よがわり（革命）」と表現した。仲原善忠《なかはらぜんちゅう》『琉球の歴史』（一九五二年）も、伊波説を受け継ぎ、「尚円の革命」としている。冨村真演《とみむらしんえん》は「尚円王考」（南島史学会編『南島―その歴史と文化』一九七六年のうち）で、同様に「革命」として論じている。冨村の議論は、その後の論者たちの前提になっているので、よりくわしく検討する。

宮城栄昌《みやぎえいしょう》『琉球の歴史』（一九七七年）は、伊波普猷の説を受け継ぎ、また冨村真演の説を支持している。高良倉吉《たからくらよし》『琉球の時代』（一九八〇年）は、冨村説を支持して、これを「クーデター」と表現している。高良『琉球王国』（一九九三年）も、「クーデター」との評価である。嘉手納宗徳《かでなそうとく》『琉球史の再考察』（一九八七年）も「尚円のクーデター」と述べている。上原兼善《うえはらけんぜん》「琉球王朝の歴史」（共著『琉球弧の世界』一九九二年のうち）は、冨村の名は出さずに、この「革命」を「下剋上」とした。田名真之《だなまさゆき》「古琉球王国の王統」（共著『〈新版〉沖縄県の歴史』二〇〇四年のうち）は、「クーデタ説が有力である」とする。そして、金丸は「最後は御物城《おものぐすく》御鎖側官《おざすのそば》という顕職《けんしょく》［高官］にのぼりつめていたのであり、海外貿易を管掌していたことから久米村《くめ》との関係も深かったと推測されている」。その金丸が「王位を奪った」、それを「衆人に推されたかのようによそおっ」たという。

では、誰が「革命」を推進したのか。冨村真演は、「金丸（尚円）を国王に推挙した者」すなわち「革命」の推進者は、①「彼が御物城御鎖側に就任後、彼によって重用された程鵬《ていほう》・蔡《さい》璟《えい》・蔡璋《さいしょう》等（通事を含む）を始めとする久米村［の使臣等］」、②および「琉球人の使臣等」、③「御物城・親見世《おやみせ》等で彼の支配下にあった隷属官人等」、④「彼の行政管轄下にあった那覇・久米村の有力者等」である、とした。つまり、推進者は多様だったことになる。

宮城栄昌は、この「革命の勃発」の「中心人物」は、①「尚円自身」であり、②それを「御物城の官人」と「外国貿易に関係の深い久米人」が支えた。また③第一尚氏王統の「失政に不満をつのらせた王臣たち」もそれを支持した、とした。

高良倉吉は、「金丸は対外関係の職能集団久米村人に擁立されて政権の簒奪《さんだつ》をはかったと考えるほうがより歴史の真相に近」いだろうとしている。これは、冨村説を微妙に単純化して、尚円の支持勢力を「対外関係の職能集団久米村人」に限定したものである。

生田《いくた》滋《しげる》「琉球と東南アジアの諸王国」（共著『シンポジウム・沖縄の古代文化』一九八三年のうち）は、これらの理解とは異なっている。生田は、久米村人の支えによってではなく、むしろその数が減っていくという事態と関連させて理解している。

以下が私の意見である。

尚円の政権奪取が、王子や王弟への道筋からはずれたものであったから、尋常《じんじょう》ではなかったことは一応了解される。当時の王権は、明への朝貢貿易を最重要の課題としていたことから、それとの関連で考察するのも一応正当といえよう。

しかしそれならば、この時代の朝貢貿易の利得はどの立場の者が懐《ふところ》にしていたのか、その構造が問題になる。①王なのか、②王の下で働いていた金丸などの役人だったのか、③それとも実質的に交易を担う久米村人たちだったのか、という問題である。もちろん、それぞれに分配はされていただろうが、真の主体は誰であったのかという問題である。

この主体がもし王であった（①）なら、「革命」によって、王権を奪う必要があろう。この主体がもし金丸などの役人であった（②）なら、「革命」を起こす必要はない。この主体がもし久米村人たちであった（③）なら、彼らの側から状況を変える理由がない。そもそも久米村人たちは、王国においても、朝貢貿易においても、主体だったであろうからである。

冨村は、しかし久米村人たちに限定していない。そのことはこの問題の理解が整理されていないということになる。高良は冨村とは異なって、久米村人たちに限定したが、その理由を示していない。

久米村人たちと金丸＝尚円が一体的であり、権力を強めつつあったのであれば、あえて「革命」を起こす必要が分からない。そのことによって、何が変わったのであろうか。

冨村は、尚円の時代には、明や南海諸国との衝突騒ぎが起こったことを指摘している。尚円の王即位の翌年、一四七〇年に、彼が派遣した「最高使臣」であった程鵬《ていほう》が、明の官吏との間での密貿易が発覚して摘発された。明帝は、明の官吏だけを処罰し、程鵬は許した。それは尚円に対応を任せたのであって、程鵬は尚円によって処罰されるか、少なくとも明への派遣使節としてつかってはならなかった。なのに、尚円は程鵬を二年後、五年後、七年後と、二年ごとに三回も派遣している。もう一つ、程鵬に次いで派遣数の多かった蔡璟《さいえい》の場合である。程鵬の事件の翌一四七一年、蔡璟が「蟒竜《もうりゅう》の衣服」を私造したことが摘発された。このときも蔡璟は処罰されなかったが、尚円王に対しては「戒諭の勅書」が発せられた。しかし今回も明帝への謝罪もなく、犯行の二年後には蔡璟をまた派遣している。そして三つめ、一四七四年、通事の蔡璋《さいしょう》らが福州で、「懐安県民の陳二観夫妻」を殺害し、その家屋を焼き、財物を強奪するなどの事件を起こした。蔡璋は蔡璟の弟である。これにより、事後の貢期を二年一貢に改定するなどが言い渡された。

他にも、南海諸国における問題が二つ提起されている。一つは、一四七八年、琉球船が安南《アンナン》国に漂流して助けられたとき、異国間の対立抗争に関わって、占城《チャンパ》に味方して安南を侵略したこと、もう一つは、一四六九〜七〇年、満剌加《マラッカ》国に派遣された随員が「騒擾《そうじょう》」をおこしていること、である。

久米村人たちと金丸＝尚円は、そのような騒ぎを起こすことを目的として権力を握ったとは考え難い。久米村人たちは、もともと騒ぎを起こすような性質を持っていて、起こしたのであろう。倭寇的性格を想起させる。冨村は、久米村人たちが騒ぎを起こした主体であり、金丸＝尚円はそれを差し止めることができなかった、と描いている。ならば、金丸＝尚円は久米村人たちの隠《かく》れ蓑《みの》、あるいは傀儡《かいらい》（あやつり人形）であり、主体ではなかったということになる。主体は久米村人たちにあったのであろう。

原点に帰ってみると、琉球王国はそもそもこれら久米村人たちとの共同か、もしくは彼らを主体として成立したものであったし、王や琉球人官人と対立や矛盾を含む関係にはなかったはずである。そうであったがこの時代になって対立や矛盾を生じたということになるのだろうか。この理解からは、主体である久米村人たちの、より一層の権力強化のための「革命」であったという話になる。

しかしながら、歴史の事実はこの理解とは異なっている。尚円の庇護《ひご》下にあった久米村人たちは、騒ぎを起こして明朝から疎《うと》んぜられて、「二年一貢」等々への縮小を言い渡された。現実に、このころを境に琉球王国の対外交易は縮小し始めている（第7話）。このことを踏まえて「尚円革命」の意義を考えれば、意図に反して逆効果だったということになろう。逆に、生田滋のように、対外交易の縮小傾向が先行していて、その対応、立て直しのための「革命」だと考えてみても（私はこちらに親近感を覚える）、効果があったとは言えない。

そうであれば、この政権への移行は、「革命」や「クーデタ」との評価には値しないことになる。

先に、この政権への移行をもって「多くの論者がこれを〈確立〉としている」としたが、もっと正確にいえば、「確立」に向かったものの、じつは「確立」はできなかったとみるべきであろう。以下にそれを見る。

武器は放棄されたか

尚真の業績に進める。その中に「刀剣や弓矢などを蔵にしまって、護国のために備えた」「刀剣弓矢の類《たぐい》は収容して、もっぱら護国の利器《りき》とした」とある。これについて、以前は、首里王府自体が武器を放棄したかのような理解が見られたが、そうではなかった。そのことは、今では多くの研究者が指摘している。これは、王府の武器放棄ではなく、王府によって武器が一手に掌握されたことを述べているのである。語句の解釈としてはそれでいい。

武器を回収したから「刀狩」だとする者もいる。これはどうだろうか。日本史の上での「刀狩」との区別を明確にしておかなければ、誤解を招くことになるだろう。日本史では、豊臣秀《とよとみひで》吉《よし》の時代に刀狩があったが、それは武士から回収したのではなく、百姓（農民）から回収して、身分の区別をはっきりさせたのだった。琉球の場合は、「武士」とみなされている「按司」から回収したというのである。

それでは、本当に、按司たちから武器を回収したのだろうか。もともと組織的な武力集団のいなかった琉球である。武器は多少はあったが、按司たちにとって重要な物ではなかったのではないかと思われる。実態として武器が備えられていないということを見て、そのことを尚真の功績として書き上げたものではないだろうか。

また、朝貢の回数について、「一四七九年に、〈三年一貢〉にされていたので、〈一年一貢〉にしてほしいと願ったが、明《みん》の憲宗《けんそう》は許さなかった」、しかし「一五二二年に、明は、〈二年一貢〉を定めた」「中国への入貢の三年一次を一年一次に改めて、文物《ぶんぶつ》の輸入を盛んにした」とある。「三年（正しくは二年）一貢」から「一年一貢」に戻させたのであるが、そのことを尚真王の功績にしているのである。しかし、そのことによって、琉球の朝貢貿易がかつてのような繁栄をとり戻せたかといえば、そうではなかった（第7話）。

按司は首里に集められたか

『球陽』に「諸按司、首里に聚居《しゅうきょ》す」とある（「百浦添欄干之銘」にはない）。これは、地方の按司たちをすべて首里に集め住まわせたという業績である。これを「中央集権」政策だと評価する意見が少なくない。

しかしながら、「首里への集住」に疑問を出した意見が二つある。

一つは、いわゆる「三山統一」を史実とする立場からで、嘉手納宗徳《かでなそうとく》『琉球史の再考察』である。琉球王国はすでに成立しているのだから、各地に王権から自立した按司があるはずはなく、すでに各地の按司は首里に従っていたであろうというのである。そう考えれば、尚真の時代にそれらを、改めて首里に集めたとは考えられないというのである。

しかし、どうだろうか。「三山統一以前」には、反抗心を持った按司たちが各地にいたという理解それ自体が、そもそも否定されるべきであろう。琉球王国は各地に権力の卵が生まれてきて、それがしだいに大きくなり、ある段階で三つにまとまり、結局はそれらが統一されたという理解（伊波普猷説）を、根本から疑って、国家形成へ向かっていたという状況にもないのに、いきなり中国・明から国家として認められたというのが、歴史の真実だと思われる（第4

話）。

もう一つは、按司は、この時代の地方にはすでにいなかったはずだから、尚真の子どもたち（彼らだけが按司と言われていた）を首里に集めたという意味になるのではないか、というものである。田名真之《だなまさゆき》が共著『〈新版〉沖縄県の歴史』の中で書いている。按司という語句のあり方からの疑問の提起である。これも至極《しごく》もっともで、結果として、嘉手納が「各地方に按司はいなかったはずだ」ということと対応している。

嘉手納と田名の問題提起は、そもそも「中央集権」というとらえ方に対する疑問を提起したことにもなっていると思われる。これまでの多くの歴史家は、「首里への集住」をもって「中央集権」化が進んだとしていた。「中央集権」というのは、「地方分権」と対《つい》になった概念であり、地方に「権力」（のようなもの）があったという前提で使われている。しかし、沖縄史のこの段階ではそのようなものはなかったか、きわめて微弱であったはずで、それを「中央」に「集権」化したという理解は、それ自体が歴史を大きく見誤っているとすべきであろう。

「原始」段階の八重山

『球陽』の尚真の項には、当時の八重山について、次のようにある。「八重山は開闢《かいびゃく》以来、人口が増加しているが、穴に住んでいて家屋をつくることを知らない。鳥や獣を捕まえて食べており、果実も集めて食べている。しかし料理することを知らない。そこに一つの神が現われ、名をイリキヤアマリ（伊里幾屋安真理）という。この神が初めて人びとに農耕や飲食の方法を教えた。人びとはその教えを受け止め、それからは毎年毎月、方々《ほうぼう》でこの神を祀《まつ》り、そして神遊びをするようになった。しかしながら、この祭りは迷信であって、ご利益《りやく》があるわけでもないのに、費用が嵩《かさ》んでいる。そこで一四八六年に毛国瑞《もうこくずい》を八重山に派遣して、農耕を奨励し迷信を廃して、法令を定めた。そして、この祭りを固く禁じた」。

これは、八重山の社会が、一五世紀の末期にもなお、「原始」をほとんど抜け出ていないことを表わしているのではないかと思われる。あとで見る「オヤケアカハチの乱」の評価にあたっても、このことを踏まえるべきであろう。

そのことは、同じ一五世紀の末期に、漂流して八重山・宮古に至った朝鮮人の記録からもうかがえる。一四五〇年、一四五六年、一四七七年に琉球に漂流《ひょうりゅう》し、帰国後に尋問を受けた。『朝鮮王朝実録』に記録されている。池谷望子《いけやまちこ》・内田晶子《うちだあきこ》・高瀬恭子《たかせきょうこ》『朝鮮王朝実録・琉球史料集成【訳注篇】』（二〇〇五年）の助けを借りて、その記録から、農耕と庶民生活の部分を紹介する。［　］内は来間。

稲作のこと。与那国と西表島では多いが、沖縄島では半分弱、他の島にはほとんどない。肥えた田は刈った後にひこばえ［又生え《またば》］が出るが、痩《や》せた田は出ない。稲の収穫後は牛に田を踏ませ［踏耕《とうこう》・蹄耕《ていこう》という］、また種を植える。沖縄島では二期作がなされている［これを「進んだ農業」だと勘違いしている歴史家もいるが、後の時代には無くなるような、補助的・消極的な栽培である。また〈ひこばえ〉のことを述べているとの疑いもある］。収穫は根っこから刈るのではなく、穂だけを高刈りしている。穂を刈っても藁《わら》を取らない。水田の耕作に耒《す》耜《き》［長い柄のすき］や鋤《すき》を用いない。手で処理する。田は鍤《すき》［スコップ状のすき。ヘラのことだろう］を使っている。／畑作のこと。畑はヘラで耕す。桑・麻・木綿はないが、苧麻《ちょま》がある。／宮古には、大麦・小麦・瓜《うり》・茄子《なす》があった。／牛・馬・豚・鶏・犬がいる。烏《からす》・雀《すずめ》がいる。／仏教は普及していない。／中国から輸入した銭貨《せんか》をよく用いる。港の近くで商《あきな》っている。／国中に布、鋏《はさみ》、針、蔬菜《そさい》、魚肉、塩から、南蛮国の物品、唐の綿布や磁器などの市場があり、これらの物が売られている。／飯は米を用いている。また、塩・醤《ひしお》で羹《あつもの》（スープ）を作る。これに野菜を和《あ》えて、肉も食べる。／飯は漆《うるし》の木器に盛り付け、羹は小さな磁器に盛る。また焼き物の小皿もある。木の箸はあるが匙《さじ》はない。／酒には清酒と濁酒がある。錫《すず》製の瓶に盛り、銀の茶碗に注ぐ。味は朝鮮と同様である。また南蛮の酒もあり、それは黄色く、味は〈焼酒〉のようで、きわめて強い。数杯飲めば大いに酔ってしまう。／琉球の人はみな裸足で、靴を履《は》いていない。

ここには、農耕技術の低さが示されている。裸足だともある。ただ、このようなイメージとは対極的に、市場が盛んであるかのように描かれている。これは三世紀ほどのちの時代でも見られないことで、理解に苦しむ。

行政機構・地方制度の整備

一方、尚真は「官吏の職種と位階を定めた」、「簪《かんざし》の金銀の別と、冠（鉢巻き）の黄赤の別によって、身分の上下を区別した」、「百工の衣冠を制定した」、「今世に至り、王始めて百官を定め職を分《わか》ち、かつ、六色の帕《はちまき》を製した。そしてその紫・黄・紅・緑・青の区別によって、貴賤《きせん》を定め、上下を分《わか》った」とある。

豊見山和行《とみやまかずゆき》『琉球王国の外交と王権』（二〇〇四年）は、高良倉吉らがこの記述を踏まえて、尚真王代に「官人層を位階制へ編成した」としていることに対して、それは「尚真王代に突如として登場したわけではない」とし、それに至る過程を描き、さらに加えて、「尚真王代に制度化された身分表示方式は細分化されたものではなく、黄・赤の〈帕《はちまき》〉、金・銀の〈簪《かんざし》〉を組み合わせた程度の大雑把《おおざっぱ》な区分でしかない」し、当時はまだ「小規模な官人組織であったと考えられる」と述べている。やはり、批判的に読む必要があるのである。

そうはいっても、尚真の時代には、初めて「法司官」（三司官）と「勢頭職《しぃど》」を置いたということと、このことは対応していて、行政機構の整備に着手したことを示すものではあろう。地方制度の整備も進んだように見える。たとえば、「山北監守《さんほくかんしゅ》」「宮古山の頭職《かしらしょく》」「八重山の頭職」「武富《たけとみ》大首里大屋子《おおやこ》」が設けられ、「久米島の具志川《ぐしかわ》城」「八重山の公倉」が造られたという。

つまり、成立時には王国の組織は整っていなかったが、この時代になって、その組織が整えられ始めていったと思われるのである（第4話）。

仏教は、第一尚氏時代にも導入されていたが、この時代にもいっそう進んだようである。円覚寺《えんかくじ》を建てて、「巨鐘」を円覚寺の山門の外の楼に架けた、円覚寺の山門の外に石の欄干のついた橋（放生橋《ほうしょうばし》）を建てた、園比屋武御嶽《スヌヒャンウタキ》の石門を建てた、などが記され、「日秀上人《にっしゅうしょうにん》」という日本から来たと思われる僧侶が、護国寺《ごこくじ》に弥陀《みだ》・薬師《やくし》・観音《かんのん》を納め、「石碑」を浦添の金剛嶺《こんごうれい》に建てたなどの記述がみられる。

一方で、「中国の風《ふう》」を取り入れ、儀礼を整え、土俗《どぞく》（風俗）をかえた、「中国にならって」、城や宮殿を壮麗《そうれい》にしたともある。

以上のように、尚真の事績について、これらの記述をそのままに理解することは難しいが、ともかく、王国としての体裁が整えられていったように見える。王国はこのころ実質的に「建設」されたのであろう。

オヤケアカハチの乱の鎮定

『球陽』には、一五〇〇年のオヤケアカハチ（遠弥計赤蜂）の乱のことが書かれている。

「八重山は、洪武《こうぶ》年間より以来、毎歳入貢して敢《あ》へて絶たず［少しも途絶えたことはない］。奈《いか》んせん大浜邑《おおはまむら》の遠弥計赤蜂保武川《ほんかわら》、心志《しんし》驕傲《きょうごう》にして、老を欺《あざむ》き幼を侮《あなど》り、遂に心変を致して［心変わりして］謀叛《むほん》し、両三年間、貢を絶ちて朝せず」。石垣邑の名田大翁主《なーたうふしゅう》はアカハチに従わず、その子らは殺されたが、本人は「洞窟の中に」隠れた。一方、宮古には「酋長仲《なか》宗根豊見親《そねとぅいみや》」があって、これもアカハチに従わない。アカハチは宮古を攻めようとする。このことが「中山」（琉球国）に伝わる。王（尚真カ）は「将」九人と、「大小戦船四六隻」を派遣し、仲宗根に先導させ、大翁主《うふしゅう》も加わる。皆で「石垣の境」に着く。そこには「赤蜂、衆兵を領し、険阻を背にして大海に面して陣勢を」布いている。「又 婦女数十人をして 各枝葉を持ち 天に号し地に呼びて 万般呪罵せしむること、法術を行ふに似たり」（女性たちが数十人そろって、木の枝を持ち、大きな声で叫んでいる。何か「呪術」を唱えているようだ）。戦いは王の軍が勝ち、アカハチは捕らえられ、殺された（球陽研究会『球陽 読み下し編』一九七四年）。

何か「原始」を思わせるような雰囲気である。

この記述の中には、八重山から首里王府に対して、すでに貢租が定期的に納められていたかのようにあるが、これは時代状況からして、ありえなかったであろう。

いずれにせよ、アカハチの乱を契機に、首里王府の先島支配は始まったと考えられるが、それはまだ「間接統治」にとどまっていて、しっかりした支配ではなかったようである。そのことは、先島に限らず、沖縄本島地域も同様だった。そして、先島の歴史時代は、一六世紀初頭に一応始まっただろうが、さらに一七世紀を待たなければ、真には展開しなかったのである。

漂流朝鮮人、尚真に出あう

一四七七年二月、金非衣（金非乙介）・梁成（梁成突）らが済州島《チェジュド》を出て、漂流した。漁船二隻に助けられて、与那国島《よなぐにじま》・西表島《いりおもてじま》祖納《そない》・波照間島《はてるまじま》・新城島《あらぐすくじま》・黒島《くろしま》・多良間島《たらまじま》・伊良部島《いらぶじま》・宮古島《みやこじま》を経て、沖縄島の首里《しゅり》に至っている。そこで、かれらは尚真とその母親に会っている。先にも見た「朝鮮人漂流記」から、その話を紹介する。

そこで、私たちはたまたま「国王の母」（オギヤカと思われる）が外出するのを見ました。漆《うるし》塗りの「輦《れん》」（手車《てぐるま》）に乗り、四面は「簾《すだれ》」を下《おろ》しています。この輦《れん》は二〇人弱で担《かつ》いでいます。皆「白苧衣」を着て、絹布で首を包んでいます。「軍士」が「長剣」や「弓矢」を持って護衛しています。その数は一〇〇人近くです。「双角」（つのぶえ）や「双太平嘴《し》」などの楽器を吹いて「火砲」を放ちます。美しい婦人が四、五人、絹織物を着て、表に「白苧布」の長衣を着ています。私たちは道端に出て「拝謁《はいえつ》」しました。そのとき王母は輦《れん》を駐《と》めて、二つの錫《すず》の瓶《びん》に酒を盛って、私たちのために漆塗りの木の器に注《そそ》いでくれました。その味は朝鮮のものと同じでした。「小郎」（若い息子・尚真と思われる）がいました。やや遅れて別の列にいました。年齢は一〇歳ばかりでしょう。とても美しい容貌でした。髪は後ろに垂らし、編んではいません。紅色のあやぎぬの衣を着て、帯を巻いています。肥えた馬に乗っています。轡《くつわ》をとる者はみな白衣を着ています。馬に乗って先導する者が四、五人あります。左右を護衛する者もかなり多いです。「長剣」を持った「衛士《えじ》」が二〇人余り。傘を持つ者が馬と並んで歩いて、太陽の光を遮《さえぎ》っています。私たちはまた拝んで「謁見《えっけん》」しました。すると、「小郎」（尚真）は馬を降りて錫の瓶に酒を盛って、私たちに注いで下さいました。飲み終わったら「小郎」は馬に乗って去っていきました。「国人」の話では、〝国王が亡くなったが、継嗣（あとつぎ）の歳が若いので、母后が政治を担っています。〈小郎〉が長ずれば、〈国王〉になることだろう〟とのことでした。

外国人の観察であるから、割引して見なければならないだろうが、当時の雰囲気の一端を伝える貴重な記録といえるであろう。

尚真の治世の評価をめぐって

伊波普猷『沖縄歴史物語』は、次のように述べている。「尚真《しょうしん》の時は、沖縄における空前絶後の黄金時代で、その経済的基礎の上に、自家独特の文化を創造した。…実にこの時代は、沖縄人にとっては、物質的にも精神的にも、最も恵まれた時代であった」としている。しかし「その海外貿易はこの頃からだんだん下り坂になった」と続けている。

高良倉吉は随所で、尚真の時代を誇らしく描いているが、ここでは「琉球の形成と環東シナ海世界」（共著『周縁から見た中世日本』二〇〇一年のうち）から紹介する。「王の権力基盤を確立し安定させること、按司層のパワーを制限もしくは根絶して王の地位を絶対的な存在にまで高めること、そのうえで中国をはじめとする環東シナ海世界に対して琉球を代表する存在としての地位を発揮すること――琉球王国が内包する根幹的なこの課題に取り組んだのが、第二尚氏王朝三代の王となった尚真（一四六五～一五二六年）であった。彼の治世は五〇年（在位一四七七～一五二六年）の長期に及んだが、王権の伸長や按司対策および対外関係の面で統一王国の基盤を刷新する決定的な転機となった」。

実際は、伊波のいうような「黄金時代」でもなく、高良のいうような「統一王国の基盤を刷新する」というほどのことはなかったのである。「王国の基盤」づくりには取り組まれたが、画期的な成果を上げたとはいえまい。

尚真の時代（第二尚氏の時代の前半）は、中国によってつくられ、中国人の助けによって「成立」した琉球王国が、中国との関係が薄れていくなかで、国家の存亡の危機に立たされていた時代だと思われる。そのため、必死に「国づくり」に励んでいたのであろう。それが一つの側面である。

もう一つは、「国づくり」に励みはしたものの、経済的にはなかなか「国力」をつけていくことはできなかったということである。また、すでに伊波普猷、小葉田敦《こばたあつし》、安里延《あさとのぶ》らの指摘を紹介した（第7話）が、この時代は対外交易が衰退していく時期にあたっている。その衰退は一五世紀の半ばから始まっていた。尚真は再三要請して、「一年一貢」を取り戻したというが、それによって「大交易時代」といえるような状況に導くことはできなかったのである。

首里・那覇と農村の格差

角度を変えて、この時代を見てみよう。次のように、諸家は、近世に入る前までの琉球の社会は、首里・那覇とその他の地方と、そのありようが大きく異なっていたことを指摘している。

「この時代までに、首里は政治都市として、那覇は商業都市として、それぞれ必要な施設を備えるようになった」。しかし「首里、那覇以外の地方は、…百姓だけの農村」だった（比嘉《ひが》春潮《しゅんちょう》『沖縄の歴史』一九五九年）。

「沖縄に古代国家が成立したとき、それは今度はみずからの内部にとり残された地域をつくりだし、跛行《はこう》的な社会と文化をうみおとしてしまったのである」（比嘉春潮・霜多正次《しもたせいじ》・新里恵二《しんざとけいじ》『沖縄』一九六三年）。地方は「とり残された」という。

「民衆は〈まひと〉（真人）と称されていたが、彼らの生活ぶりは、王都として栄華をきわめた首里とくらべるとまさに雲泥《うんでい》の差があった」（高良倉吉『琉球の時代』一九八〇年）。

「古琉球社会を均質・均一な社会と見てはならない。港湾を含む首里・那覇一帯の王都が突出し、その他の地域は草深い村落社会であったのである」（豊見山和行《とみやまかずゆき》「南の琉球」、共著『北の平泉、南の琉球』二〇〇二年のうち）。

このように、都市と農村に大きな格差があったということは、①農村の変化が緩やかだったこと、つまり、生産力が高まっていって、その変化が目立つようなことはほとんどなかったこと、②都市と農村の交流が少なかったこと、③貨幣の流通がほとんど見られなかったこと（のちに取り上げる）、④租税制度のないということ（第9話）とも関連して、琉球王国が、地方をしっかりと支配してはいなかったことを想像させる。そのことは、先島支配も同様だったのである。

琉球は、そもそも「経済力」が弱く、生産は盛んではなく、「自立」の条件に欠けていた。他所《よそ》から求められる産物がほとんどなかった。他所の産物をAからBへ、BからCへと動かすだけの中継貿易では、栄えようもない。そして、中国と日本、中国と東南アジアとが、直接の関係を広げ、深めていくようになると、中継国＝琉球の立場は弱くなっていく。

したがって、琉球王国は「確立」しつつあったこの一六世紀ころから、しだいに日本、とくに薩摩《さつま》への依存を強めていき、ついにはその支配下に入ることになるのである。

第9話

琉球中世に租税はあったか

いやしくも「王国」を名乗る以上、人民から租税を徴収して、国王と官僚たちの生活を支えていたと思うのが普通であろう。しかし、この王国は、一七世紀初頭に至るまで、強制力を伴う租税の徴収はなかったと考えられるのである。徴収したことを示す史料が見当たらない。それでも、多くの歴史家は租税があったとして論じている。ここでは、この論者たちが扱っている「租税関係史料らしきもの」をとり上げて、その根拠の確かさを検討していくことにする。

なお、一般には、一六世紀以前の琉球をまとめて「古琉球」とよんでいるが、私はそれを「琉球古代」と「琉球中世」とに区別したいと考えている。「琉球中世」は「古琉球」の後半で、「琉球近世」の手前である。

琉球古代の「租税」

七世紀の中国の書『隋書《ずいしょ》』流求《りゅうきゅう》伝に、「流求」についての記述がある。これがその後の琉球のことか、あるいは台湾のことかはわからないが、おそらくは漠然《ばくぜん》と「そのあたり」のことを指していよう。それには「田地に対する定まった賦税《ふぜい》はなく、ただ国に必要があって［つまり、臨時に］納税を命ぜられるときは、各人その頭の周囲を測ってこれを基準として、その長さによって稲稿《なわら》を束《たば》ねて一束《ひとたば》とし、人びとに一束の稲稿を貢納させた」とある。真境名安興《まじきなあんこう》『沖縄一千年史』（一九二三年）が紹介している（ルビ「なわら」は真境名）。

松本雅明《まつもとまさあき》『沖縄の歴史と文化』（一九七一年）も、『隋書』流求伝には「賦斂《ふれん》（租税）がなく、事があるときは均等に税を課する」とあるとし、「租税の法がないところをみると、ゆるやかな部族結合の組織で、国家形態をもつものとはみられない」と述べている。ただし、これはまだ七世紀のことであり、沖縄はまだ縄文時代（後期）だったのだから、ふしぎではない。

真境名はまた、『混効験集《こんこうけんしゅう》』（一七一一年。おもろ語辞書）によって、「かまへ」「貢物」の記述を紹介している。オモロの文句「かみ下《しむ》のかまへ、つて、みおやせ」を引用したうえで次のように説明している。「むかしは、つかかなひと申して人の頭の程に稲一たばり（束）づつ上納があったという。〈つかかなひ〉とは一束《ひとたば》の貢稲《こうとう》という意味である」。漢字を当てれば、「束《つか》貢《かない》」あるいは「束叶《つかかない》」となろう。

そもそも租税は強制力がある中で徴収するものだ。しかし、ここで出てくる「上納」は、自主的に納めており、租税ではない。

なお、真境名はこれに続けて、「沖縄の税制は土地の丈量《じょうりょう》と共に、慶長《けいちょう》［島津の侵攻］後に於て確立せられたるが如し」としている。一六世紀以前には税制はなかったと述べているのである。先の『隋書』の記述を、租税とは見ていないことがわかる。

宮城栄昌《みやぎえいしょう》『琉球の歴史』（一九七七年）もまた、この『混効験集』を紹介している。

比嘉春潮《ひがしゅんちょう》『沖縄の歴史』（一九五九年）は、次のように述べている。「部落時代には共同の祭祀《さいし》のときに、神への感謝の献《ささ》げものとして根神《ねがみ》や根人《ねひと》に稲束《いねたば》を納めたもので、これをつかがないといった。琉球国由来記や琉球国旧記の各地の祭祀《さいし》の供物《くもつ》にもそのことが記され、また現在においては国頭村の六月御祭《ウマチー》に束取《つかどり》といって各戸から稲一束ずつをノロに献《ささ》げる風習も残っている」。つまり、「部落時代」（比嘉の記述から読み取れば、ほぼ原始時代）にはこのような「捧《ささ》げ物《もの》」はあったが、それは租税ではないとみている。

「おもろさうし」と「租税」

「おもろさうし」から租税を論ずる者も多い。まず、伊波普猷『沖縄歴史物語』（一九四七年）が、次のオモロを引用している。真境名の引いたオモロと似た表現である。

「きこゑうらおそいや　しまのおややれば　もゝぢゃらのかまへつでみおやせ　とよむうらおそいや」。伊波の解説は「名高き浦添は、島々の頭なれば、諸按司より献じ来る貢物取立てて奉れよ、との意である」となっている。「かまへ」に「貢物」を充てるのは正当であろうが、それだけでは、強制力のある租税としての「貢《みつ》ぎ物《もの》」なのか、それとも強制力のない、自主的な「捧げ物」かの区別は分からない。しかし、「つで（積んで）」が「取立てて」と語釈されており、「貢ぎ物」との理解となっている。なお、「かまへ」を差し出した主体は「もゝぢゃら」（諸按司。按司たち）であり、住民個々ではないことも注意すべきであろう。

　しかし、伊波普猷は、「かまへ」を租税とのみに解釈してはいない。伊波は、「貢」はもともと「必要品」（必需品）という意味であったが「物貨」（物資）という意味となり、さらに「貢《こう》物《もつ》」（貢《みつ》ぎ物《もの》）という意味に転じたと述べている。①あるオモロに「唐南蛮《たうなばん》かまへ積《つ》で」とあるが、それは「唐南蛮の物貨を満載して」という意味であり、「唐南蛮よりの貢物としては、意味が取れない」という。つまり、唐南蛮（中国や東南アジア）からの「貢ぎ物」ではなく、単なる「物貨」（物資）であるという。②また、「ふなやれどみかまへ／上下《かみしむ》のかまへ積《つ》で」という表現もあるが、「航海《ふなやれ》こそは御調《みつぎ》の取立てに欠くべからざる事業であるということである」と説明し、勝連の「阿麻和利《あまわり》が〈沖渡《おくと》より上〉」の諸島（与論《よろん》島以北の島々）から「〈みかまへ〉を取り立てていた」という。つまり、②の場合は「貢ぎ物」の意味になる、というのである。

つまり、この「かまへ」という語には意味の変遷があったのであり、この語が、どのような時代のどのような局面で使われているかということをよく見て判断すべきものなのである。逆にいえば、オモロに「かまへ」と出ているから「貢ぎ物」（租税）があったというのではなく、租税があったという史料や物証があるし、それがオモロにも反映しているから、なお確かであるというように見るべきものである。伊波は「貢ぎ物」もかなり古くからあったと理解しているようだが、われわれは時代背景の理解に密着して「かまへ」を解釈しなければなるまい。

上原兼善《うえはらけんぜん》は、共著『〈旧版〉沖縄県の歴史』（一九七二年）の中で、同じオモロを紹介している。表記が若干違っており、逐語訳《ちくごやく》がついている。上原は、伊波の「貢ぎ物」（租税）との理解を引き継いで、「かまへ」を「貢租」としている。

上原兼善「首里親国《おやぐに》」（共著『南島の風土と歴史』一九七八年のうち）も、同じオモロを例示している（前著の記述とは表記が異なっている）。このオモロを根拠にして「すでに一二世紀ごろの按司たちが、一定度の貢租を収取していた姿がここにあらわれている。このように、按司たちが貢租をおさめ取るようになった段階」云々という。

このオモロを「一二世紀ごろ」のものとしているのは、浦添に一つの勢力があった頃ということからの判断であろう。しかし、そのような正史の記述そのものを疑うべきであろう。そして、このオモロを根拠に「貢租を収取していた」としているが、「貢《かまへ》」が「貢ぎ物」なのか「捧げ物」なのかを、慎重に検討してはいない。

宮城栄昌『琉球の歴史』も、このオモロを引用している。訳文は漢字かな交じりとなり、少し異なっている。そして、次の説明がついている。「かまへ（貢）はかない（ささげ）ともいい、『おもろさうし』原註に〈御貢の事なり〉とある」。「かまへ」に「貢」の文字を充てながらも、「かまへ（貢）はかない（ささげ）ともい」うとして、「かまへ」を「かない」とし、しかもその括弧内に「ささげ」と記しており、「かまへ」が「貢ぎ物」ではなく「捧げ物」である可能性を示していることになる。宮城は、このオモロをずいぶん古い「むかし」のことを述べたものと理解し、それは「貢ぎ物」（租税）ではなく、「捧げ物」と捉えたのである。

高良倉吉『琉球の時代』（一九八〇年）も、このオモロを紹介している。そしてその訳は「名高い浦添は、津々浦々をおさめる方のおわすところであるから、多くの按司たち、貢物を奉れ、名高い浦添は」としている。「かまへ」は「貢物」とされ、それが「貢ぎ物」か「捧げ物」かを検討するという問題意識が見られない。

外間守善『沖縄の歴史と文化』（一九八六年）は、浦添の繁栄ぶりを描くために、この地域に関わるオモロを三つ挙げている。その中にはこれまで見てきたオモロは含まれていないが、その三つの中の二つ目のオモロに「貢《かまへ》」が含まれている。

「聞《きこ》ゑ浦添《うらおそい》に（名高い浦添に）／西東《にしひが》の貢《かまへ》 持《も》ち寄《よ》せて（西からも東からも貢物が寄ってきて）／又 鳴響《とよ》む浦添《うらおそい》に（天下に響く浦添に）」

そして、三つのオモロを総括して、「浦添はこの島の中心である、その浦添にさまざまな貢物や宝物が寄ってくるのだ、という中華思想がみえ、浦添は、この頃、歴史の先進地帯であったことがうなずかれる」という。「貢《かまへ》」が「貢物」とされている。「貢ぎ物」と理解しているのであろう。しかし、「寄ってきて」という表現からは、強制力を伴った租税との印象は薄い。

外間守善『南島の神歌 おもろさうし』（一九九四年）では、次のオモロが引かれ、解説されている。「しよりゑとのふし／一 しより おわる てたこか／ふなやれと みかまい／かみしむのかまへ／つて みおやせ／又 くすく おわる てたこか」。「大意」として「首里にまします国王のための、船遣《ふなや》れ（航海）なのだ。上下《かみしむ》（四方）からの貢物をいっぱい積んで国王に差し上げよ」と説明されている。

問題は「みかまい」の理解であるが、次のように「語釈」が付けられている。「みかまい 御貢租。〈かまい〉は〈かない（貢租）〉と同じで、n→mの子音《しいん》交代による転訛《てんか》である」という。「かまい」と「かない」が同じものであることはわかる。「貢物」を「御貢租」と言い換えているのは、国王に宛てたものだからであろう。しかしそれが「貢ぎ物」（租税）であるか「捧げ物」であるかはわかるまい。

以上のように、『混効験集』や「おもろさうし」の「かまい」「かまへ」などに「貢」の漢字を振り当て、その漢字表現に引きずられて、すでに租税があったというのは即断にすぎ、それは強制のともなう「貢ぎ物」(租税)ではなく、自主的な「捧げ物」だった可能性を念頭におくべきである。

尚真と「租税」

陳侃《ちんかん》『使琉球録』という、冊封使による「使録」としては初めての、一五三五年の記録がある。尚真の時代である。これを原田禹雄《はらだのぶお》訳注『陳侃 琉球使録』(一九九五年)によってみる。租税はない、としている。

「租税を分けて取りたてるということはなく、何かがあれば、全員から均等にとりたてている」。「上下互いに税をとりたてることはない。何か事があると、昔の領地のように、王が使用する布帛《ふはく》[織物]や粟米や夫役《ぶやく》は、暫定的に人民にわりあてるが、継続的にとりたてはしない」。「王の子弟が、独立して、それぞれの山[三山の山のことであろう—原田による]に分かれはするが、これまで独自に調《みつぎ》[租税]をとりたてることをゆるしてはいない」。[ ]は来間。

高良倉吉『琉球の時代』は、「百浦添欄干之銘」(第8話で扱った)の一節を「民を愛し、税を軽くして、君臣上下が睦《ぼく》した」とあると紹介し、次のコメントをつけている。「これまで島々の首長たちから納められてきた貢物は、もはや単なる貢物ではなく［捧げ物ではなく—来間］、支払いを強要された税金としての性格をおびるようになった」（初版）。同書の一九八九年改定新版ではこうなっている。「これまで島々の首長たちから納められてきた貢物は、もはや単なる貢物ではなく、定期に［↓挿入］支払いを強要された税金［↓租税］としての性格をおびるようになった」。「税を軽くした」と書いてあるだけなのに、それは「支払いを強要された税金」となったとし、その税金を「定期化」（固定化）したと読んでいるのである。

上原兼善「琉球王朝の歴史」（共著『琉球弧の世界』一九九二年のうち）は、「尚真王の治世五〇年間」の特質を掲げ、その「第三は、三府三六島の田畑保有高の確定と貢租額の制定、などである」と論じている。貢租額が「制定」されたと読んでいる。また、「三府三六島の田畑保有高の確定」とは、何を根拠にしているのだろうか。

このように、尚真が「税を軽くした」とあるのを、税の「支払いを強要された」としたり（高良）、「貢租額を制定した」と読む（上原）のは、明らかに行き過ぎである。むしろ、もともと「軽くするべき税」があったということ自体を疑う必要があろう。なぜなら、「百浦添欄干之銘」の文言は、いろいろと粉飾を含んだものであり、すでにいくつかの疑問が提起されているものであり、そこに書かれていることをもって直ちに「史実」と判断すべきものではないからであり（第8話）、前後に租税についての史料が見当たらないという意味で、これは孤立した史料でしかないのである。為政者《いせいしゃ》を讃える決まり文句の一つをまねたのであろう。

「租税なし」論

真境名安興『沖縄一千年史』（一九二三年）は、先にもみたとおり、「沖縄の税制は土地の丈量《じょうりょう》と共に、慶長《けいちょう》［島津の侵攻］後に於て確立せられたるが如し」としている。新里恵二《しんざとけいじ》『沖縄史を考える』（一九七〇年）は、「島津入り以前の琉球王国のばあいには、貢納関係は、宮古・八重山・久米島など新付の離島をのぞけば、かなりルーズなものではなかったかと推定しています。租税制度が整備されてくるのは、慶長以後でしょう」という（初出は一九六一年）。新里は、諸説とは異なって、近世以前の租税制度は「かなりルーズ」といい、「整備されて」いないと理解している。『中山世譜』や『球陽』の記述を無視したのか、信用しなかったのか、それは分からないし、特に根拠が示されていないことが欠陥である。

また、その一方で、「新付の離島」の「貢納関係」は整備されているとみたのは、いわゆる人頭税がルーズでなく、きびしかったという理解と関わっていると思われる。しかしそれが誤解であることについては、私は別に論じた（来間『人頭税はなかった』二〇一五年）。

安良城盛昭の租税論

安良城盛昭《あらきもりあき》「旧慣租税制度」（『新沖縄史論』一九八〇年、初出は一九七七年）には、「古琉球」すなわち「慶長以前」の税制に触れた部分がある。「古琉球の税制については、なお未詳な部分が多いが、〈つかかない〉と称する生産物地代と〈すかま〉と称する労働地代が併存し、いずれも人頭税的に取りたてられていたと考えられ、琉球本来の租税徴集［徴収］様式が人頭税的なものであったことを推測せしめる」。

安良城は、そもそも租税があったことについては疑問を持たず、それが「人頭税的なもの」だと「推測」しているのである。しかし、「つかかない」や「すかま」という語句が史料に出ているからといって、それが租税の存在を示すとは考えにくい。なお、「生産物地代」とは生産物を租税とするもの、「労働地代」とは労働させることをもって租税（に相当する）とするもののことである。

それとは別に、安良城は「前近代の沖縄歴史研究をめぐる二、三の問題」（同上書、初出は一九七七年）で、人頭税の起源にかかわって、「八重山島年来記」あるいは「八重山島旧記」という基本的な資料の存在を指摘している。安良城の示した条項を、石垣市編『石垣市史叢書13

八重山島年来記』（一九九九年）の、校注本によって記す。

「唐苧《とうちょ》畑は、男の頭数《ず》に一人五畝程ずつ作らせ、女に定めてある上布《じょうふ》・下布《かふ》を織らせるように申し付けること」、②「ゴマは、男の頭数に一人五升ずつ納めるように定めてある。もしゴマがない時は、粟を六升ずつ受け取ること。つけたり。上納分のゴマ一升につき、粟一升二合ずつ受け取ること」、③「今年から追立夫《おいたてブー》は、一人に付き一カ月に三度ずつの計算で帳簿に付け、その内から、造船やその他の公事《くじ》に使役し、その払帳《はらいちょう》を作ること」、④「男女の上・中・下の人数に公事を申し付けるので、そのうちに欠員があれば、童子の内から人数に組み入れ、上納の未納がないようにすること」。

これらは（他の条文も含めて）、確かに租税があったことを示している。ただ、安良城がこの史料を紹介した趣旨は、これを人頭税だとすることにあったが、その点では的外れといえる。なぜなら、①②は「頭数一人に○○ずつ」としているのであって、「一人一人に○○ずつ」ではないし、③④は夫役に駆り立てる回数を示したもので、その原理は沖縄本島地域も同じであるからである。人頭税といわれてきたものは、頭数（人口）を基準に課税されたという限りで正しいが、それは間切や村に対する賦課の基準のことであって、「一人一人に」画一的に課されたものではないのである。

なお、私はこのことを、安良城から学んだのである。「旧慣租税制度」に記されている課税は、「間切や村への課税」のことであって、それを受け止めた間切や村が、人びとにどのように割り当てたかとは別だという指摘である。安良城の先駆性はこの点にある。

一七世紀の入り口前後での租税

安良城の指摘したように、少なくとも一六二八年にはすでに租税はあったといえる。ということは、それ以前からあったと推定できるが、どこまで遡れるのか、そこまでは分からない。この一六二八年の「掟」には、安良城の紹介したもの以外に「租税」と考えられる条項が含まれている。したがって、一七世紀半ばにおける租税の存在は確実だということができる。

高良倉吉『琉球王国の構造』(一九八七年)は、各地に残されている辞令書《じれいしょ》(役職への任命書)の研究によって、「ミカナイ」(御叶、あるいは御貢)・「カナイ」(叶、あるいは貢)とあるのを検討している。それによれば、あらゆる土地に貢租が賦課されていた(この点は明瞭ではなく、高良の想定である—来間)なかで、神女職や官人(役人)に任命されると、役地が給与されてその土地に懸かる貢租は免除され、その土地の耕作に地域の人びとを使役すること(夫遣《ぶづか》い)が認められた、というのである。

神女(ノロ)は、その地域のためにさまざまな祈りごとを担当し、行事を主宰《しゅさい》する。地域の人びとからは大事にされる。人びとは、ノロのために奉仕する。この関係のなかで、ノロに土地（ノロ地《ジー》、ノロクモイ地）が与えられれば、人びとはその土地を耕作し、できた作物をノロに献上する。これは、ノロが人びとを使役しているのではない。したがって、人びとの労働は強制されたものではないし、ノロに対する「捧げ物」の性格なのである。

官人は、役職への任命と対応して、土地（オエカ地、サトヌシ所）が与えられる。近世の状況からの類推になるが、それは「所有権」を与えられるのではなく、その役職にある間の「名目的な〝所有権〟」なのである。役職が解かれれば、その土地は返される。土地はどのように管理されるか。自ら耕作することは、まずない。これも地域の人びとに耕作させるのである。これが「夫遣い権」として認められている。耕作労働に動員される人びとには、強制力を伴っているので、租税とみていい。物品の納入（生産物地代）ではなく、労働で義務を果たす租税（労働地代）である。

ただし、このような仕組みになったのがいつのことかは明らかではなく、辞令書の年代から見て、一五八〇年代までしか遡れない。島津氏侵入の三〇年ほど前のことである。これをもって「古琉球」のすべての時代に以上のようであったとするには、あまりに根拠薄弱であり、古琉球の時代には〝ほぼ〟租税はなかったと見た方がいいであろう。

なお高良はここで、小川徹《おがわとおる》「久米島民俗社会の基盤─水田造営形態と集落移動の関係について」（共著『沖縄久米島』一九八二年のうち）の記述を紹介している。

小川の述べていることは、次のとおりである。「古琉球」は「神事優先的な村落生活」の時代であった、そこでは「神祭りのための米作り」が行われていた、「貢租の対象としての米作り」は、まだなされていなかった、と。しかも、近世に移行してもなお、このような状況に終止符が打たれるのではなく、「神祭りのための米作り」と「貢租の対象としての米作り」は共にあった、と。

この小川の認識は、「古琉球」において租税の徴収は自明のことであるかのように論じている高良とは、決定的に対立する認識であるといえよう。その意味で、高良がなぜこれを紹介したのかが、わからない。

豊見山和行の「年貢／捧げ物」論

豊見山和行《とみやまかずゆき》「南の琉球」（共著『北の平泉、南の琉球』のうち、二〇〇二年）は、「古琉球」（一六世紀以前）の租税制度を正面から論じている。そのころは「貢（カナイ）」と「捧（ササゲ）」（あるいは「御初《おはつ》」といって、新年などの初物《はつもの》を捧げること）といわれるものがあった。はじめのうちはどちらも同じもので、表現が異なっているだけだった。それがしだいに、カナイは

「年貢《ねんぐ》」に変わっていったのに、ササゲはいつまでも残って、自主的な（強制されない）「捧げ物」のままだったというのである。年貢と捧げ物の区別を意識した、初めての租税論である。問題は、いつ、どのような契機で「租税以前」のそれから、「明確な租税」としてのそれに変化したかであるのに、「やがて…変化していった」というのみで、踏み込んだ見解は示されない。

豊見山『琉球王国の外交と王権』（二〇〇四年）もまた、「王権と貢納制―御捧の論理―」を論じている。『混効験集《こんこうけんしゅう》』は、「国王への〈御捧〉（ミササゲ）儀礼」として海や山の産物が国王に捧げられていることを示している。また、「羽地仕置《はねじしおき》」（一六六九年。薩摩入りの六〇年後）で「王府の高官」への「貢納」が禁止されているので、それは「国王に限定されたものではなかった」ことになる、としている。このように「貢納制的租税システム」を「廃止ないし制約」するという「転換」が図られた。そのことは、「一七世紀後半にいたるまでの琉球社会は、貢納制的色彩の濃い租税制度を有していたということになる」と結んでいる。

前著の「一五、六世紀の古琉球社会は、年貢への固定化がミカナイで進展する一方、依然としてミササゲ・御初という貢納制を強く残す社会であったと考えられる」という表現が、こちらでは「一七世紀後半にいたるまでの琉球社会は、貢納制的色彩の濃い租税制度を有していたということになる」となり、「租税」という語が入っている。前著でもそうであったが、豊見山は「貢納」「御捧」（ミササゲ）を「租税」ではないともいい、「租税」「年貢」だともいう、あいまいさがある。「貢納」が租税ではないのであれば、「貢納制的租税システム」という表現は、「貢納」と「租税」が混じっており、自己矛盾を含んでいよう。

ともあれ豊見山は、一七世紀後半まで、琉球は「貢納制」の社会だったといっているのであるが、彼のいう「貢納」は「捧げ物」のことであろうから、「租税のない社会」だとしたことになるのではないか。

まとめ

一六世紀末に至るまでの琉球においては、強制力を伴う租税の徴収はなかった可能性が極めて高い。そして八重山の史料に見られたように、一七世紀の二〇年代ころには租税はあった。したがって、租税の出現は一六世紀の後半から一七世紀の初めまでの間に想定できる。ともに根拠は示していないが、真境名安興や新里恵二が租税制度は慶長以後＝薩摩入り以後に整備されたとしているのと、ほぼ一致する。

なお、一七世紀半ばの「羽地仕置」がしきりに「夫役《ぶやく》」の制限を令達しているように、物品の租税、すなわち生産物地代だけでなく、夫役、すなわち労働地代を含めて考えられなければならない（比嘉春潮や安良城盛昭がそうしていた）。その場合も、夫役のあり方に強制力が伴っていたかどうかということが、慎重に判断されなければならない。夫役にも、強制力のともなう「租税」としてのそれと、強制のともなわない、自主的な「捧げ物」としてのそれとがありうるからである。

こうして、琉球において租税が制度として始まったのは、近世の入口だということが指摘できるのである。

近世の入口という時期は、薩摩の侵攻を受けた時期である。薩摩藩は、琉球侵略の翌年、一六一〇年に琉球の検地を実施した。検地の結果を踏まえて、一六一一年に命ぜられた薩摩藩への貢納物は、次のようになっている。年貢米約九〇〇〇石のほか、芭蕉布三〇〇〇反、琉球上布六〇〇〇反、琉球下布一万反、唐苧《とうちょ》一三〇〇斤、綿子《めんす》三貫目、棕梠縄《しゅろなわ》一〇〇かた、黒綱《くろつな》一〇〇かた、むしろ三八〇〇枚、牛皮二〇〇枚である。

しかし、これは実行できなかったようである。そこで翌年には、「何品にてもよろしい」となり、さらにその翌年には、銀三二貫目と変わっていく。その後も銀納が続くが、その分量は増加していく。

ということは、王府は、このころまでにはまだ、これらの貢納物を琉球の各地から集める仕組みを持っていなかったと考えられる。王府は、薩摩の指示と支援を受けて、租税制度の構築を模索し始めたのであろう。

梅木哲人《うめきてつと》『新 琉球国の歴史』（二〇一三年）も、「知行を宛行《あてが》った島津氏に対して石高による上納の義務を負った」、「このため、琉球国王はその上納を実現するため、米その他の上納品を琉球の人々から、税として収取する仕組みが必要となったのである」と述べている。

なぜ一六世紀まで租税がなかったのか

私は、近世になるまで租税はなかったとした。そんなことができたのはなぜだろうか。いろいろと質問をいただいた。それに答えよう。

まず人口の少なさということがある。近世の入り口、一七世紀の初めの人口は一〇万人ほどであった。それ以前はそれより少ない。その後の人口は、一八世紀の初めに二〇万人、一九世紀の後半に三〇万人となっていく。二〇世紀前半の大戦時には六〇万人だった。

琉球王国は一四世紀の末に、中国（明）の支えによって成立した（第4話）。社会が成熟してきて、内から生まれたのではなかった。王国の組織もまだよくできておらず、とりあえず対外関係を保つことを優先して「国づくり」が進められた。それが一六世紀の前半に本格化する。首里に拠点を置いていたこの王国は、とても地方の面倒を見る状況には至らなかった。地方は放置されていたのである（第8話）。

このようであれば、組織も簡素で、役人の数も多くはないであろう。明治初期の史料から推定すれば三〇〇人程度だろう。これらの人びとの生活の糧《かて》として必要なものは多くはない。したがって収入もそこそこで済ませられる。

そして、中国との交易の利があっただろう。礼を尽くしてあいさつに行けば、こちらの贈答品より明らかに多くの品を返してくれる。王国の支出規模が大きくないので、その意味は大きい。

こちらからの献上・贈答品は主に馬と硫黄《いおう》である（他に、日本や東南アジアの物産が加えられる）。馬は山野に野生している、と史料に出てくる。それを捕えてきて、おとなしくなるまで訓練して、船に積み込む。この仕事に従事する人びとがいたと考えられる。また硫黄は、船を出して硫黄鳥島（久米島の東方、沖永良部《おきのえらぶ》島の北方）まで採掘に行かねばならない。この仕事に従事する人びともいたであろう。彼らは役人である。その人件費が必要であるが、多額にはなるまい。

庶民からすれば、首里城を拠点に対外交易を展開している王国の姿は、それなりに尊敬の対象になったであろう。そこに、人びとは自主的な「捧げもの」を持ってくる。これも王国を支える収入の一部となったと思われる。

このように、一六世紀までの琉球王国は、組織の規模が小さく、収入も支出も小さく、租税なしでもやっていけたのである。なお、これを裏付ける史料があるわけではないので、私の「想像」であり、読者の皆さんへの問題提起である。

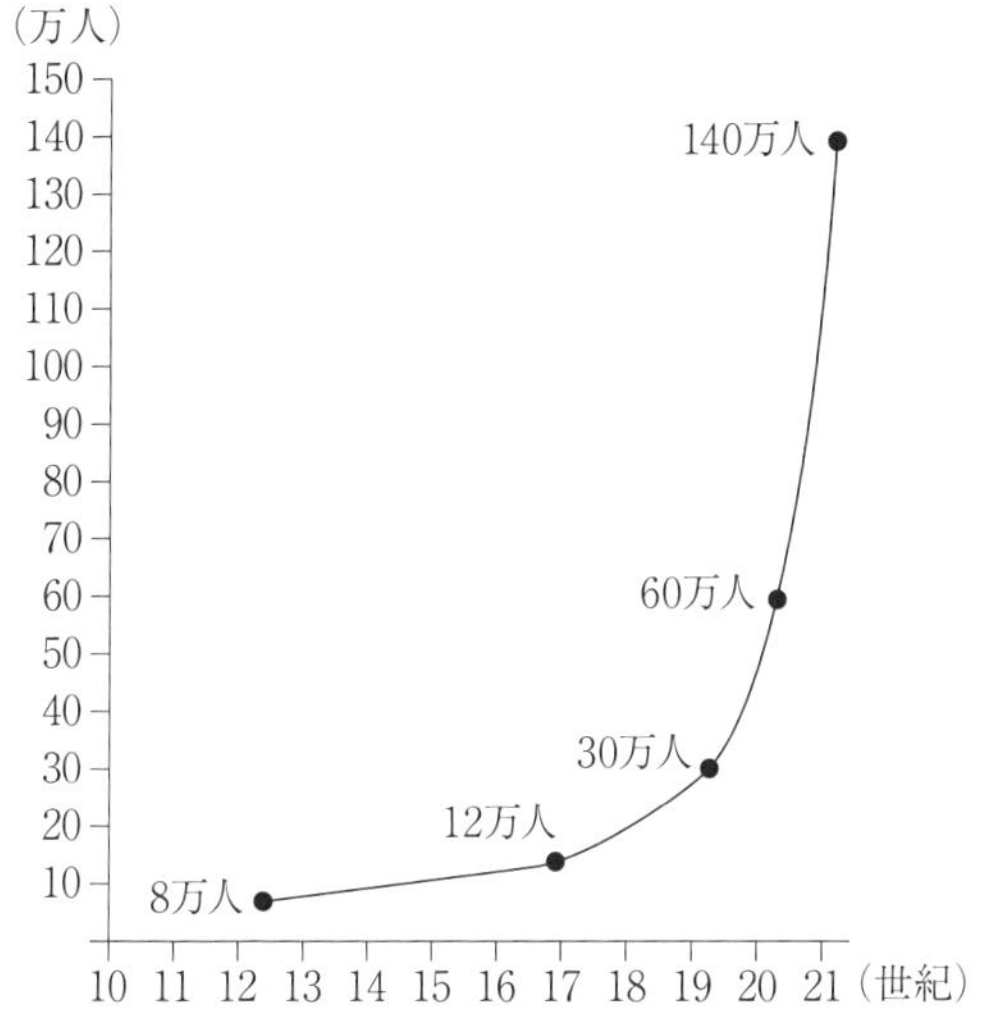

人口の推移

出典：12 世紀半ばと 17 世紀初めは鬼頭宏『人口から読む日本の歴史』の全国の数値の 1%をとった。その後は沖縄県の統計書による。

第10話

日本と琉球の社会、どう違うか

ここで、日本の室町時代と戦国時代を取り上げる。それは、あれこれの戦《いくさ》や武将を描こうというのではない。日本は、この戦国時代に「新しい日本」に変わった。そのことを描きたいのである。

しかし、沖縄の歴史に戦国時代はない。もちろん、それ以前の歴史も、日本と沖縄は大きく異なったものであったが、この戦国時代の「あった日本」と、「なかった沖縄」とは、そのことによって、いっそう差異を広げたのである。なお、ここでは「琉球」ではなく「沖縄」と書く場合がある。問題が現在の沖縄にもつながっているからである。

一五世紀半ばまでの琉球と日本

一四世紀の半ばすぎ、一三七二年に琉球王国が成立した。その琉球は、中国（明）によって、日本との橋渡しを望まれていた。琉球は、日本の物産を中国にもたらし、中国の物産を日本にもたらす役割を果たしていくことになる。その副業として、東南アジアとの交易・交際も取り組まれた。この琉球王国の成立した一四世紀末から、一五世紀の半ばまでが、このような琉球の「中継貿易」の最盛期であった（第7話）。

この時代の琉球と日本との関係について、次のような記録が残っている。一四〇四年、琉球から室町幕府に使船が送られた。一四一四年には、将軍・足利義持《あしかがよしもち》が、第一尚氏初代の王・思紹《しょう》の使いに書の返事を出した。その宛先は「りうきう国のよのぬしへ」（琉球国の世の主へ）とあった。これと同じ宛先の文書が他にも三つある（一四三六年、一四三九年、一五二七年）。一四二〇年の朝鮮人の記録に、琉球の船は海賊たちから狙われていたと記されている。一四三一年、琉球から幕府に沈香《じんこう》（南方産）が届いたので代金を払った。一四三三年、琉球から反物《たんもの》などが届いたので代金を払った。一四四六年七月、琉球の使節が京都に上ってきた。一四五一年七月、琉球の船が兵庫に来た。幕府の管領《かんれい》（将軍の補佐役）・細川勝元《ほそかわかつもと》は、その荷の中から必要なものを選び取ったものの、代金を支払わなかった。琉球の使いは、以前にも同様なことがあったと、幕府に訴えた。

このように、中継貿易が行われ、それに伴う交際があったのである。

足利将軍からの手紙は、平仮名《ひらがな》を主にして、少し漢字が混じっている。当時の日本では、公文書はすべて漢字で書かれた。平仮名は私的に使われるもので、また女性の文字とされていたが、この時代に男性を含めた庶民の文字へと変化しはじめていた。琉球から平仮名主体の手紙が来たので、その返事も同様に書かれたと考えられている。

日本から見た琉球は、文字も言語も日本につながっていると思われていたであろう。琉球もまた、同じ理由で、日本と交際を続けていた。もとより、文字や言語は、日本から琉球に伝わったものであった。ただ、文字が琉球の民衆レベルにまで広がったのではない。日本から渡来してきて日本との交際を支えた禅僧が使っていたのである。

そして言語は、民衆レベルでの交際が少なかったので、やや独自に変化していったと思われる。それは、漢字で表わすよりも、平仮名で表わす方がふさわしい。そう判断したのは、琉球の役人たちであるか、それとも禅僧であるかは分からないが。

そのようなことを基礎にしていても、両者の「大きさ」には格段の差があり、日本（室町幕府）は琉球を少し「下」に見、琉球は日本を少し「上」に見ていたようだ。もっとも、「日本」ではなく、「島津氏」とか「種子島《たねがしま》氏」というレベルであれば、少なくとも対等の関係であり、時には琉球が「上」に立つこともあった。

戦国時代になると、このような交流関係は断たれていく。

表　琉球・室町幕府間の外交文書

	西暦	年号日付	差出人標記	（差出人）	宛先文言	文体
1	一四一四年	応永二一年一一月二五日	（無）	（足利義持）	りうきう国のよのぬしへ	仮名書き
2	一四二〇年	応永二七年五月六日	代主印	（思紹）	進上 御奉行所	和様変体漢文
3	一四三六年	永享八年九月一五日	（無）	（足利義教）	りうきう国のよのぬしへ	仮名書き
4	一四三九年	永享一一年三月七日	御印判	（足利義教）	りうきう国のよのぬしへ	仮名書き
5	一五二七年	大永七年二四日	御判	（足利義晴）	りうきう国のよのぬしへ	仮名書き

（出所）豊見山和行「南の琉球」（二〇〇二年）

沖縄語の歴史的あゆみ

外《ほか》間《ま》守善《しゅぜん》『沖縄の歴史と文化』（一九八六年）は、次のように述べている。「沖縄語のあゆみについて、私は次のように考えている。歴史的出発をほぼ二、三世紀から六、七世紀頃、方言化への傾斜を一一、一二世紀頃、沖縄語と文字との接触を一三世紀頃、文字による表記法の確立を一五世紀末頃、そして一五、一六世紀に文献時代に入る、というとらえ方である」。「文字による表記法の確立を一五世紀末頃」としたのは、一五三一年に『おもろさうし』第一巻が出ていることから、それ以前だと想定したのである。

このように、琉球で文字が使われるようになるのは、一六世紀なのである。

田名真之《だなまさゆき》『南島地名考』（一九八四年）は、少しさかのぼった史料を紹介している。「ひら仮名表記は、現在のところ一四九四年の〈小禄墓厨子銘《おろくばかずしめい》〉を最古の例として、ついで、一五〇一年建立の〈たまおとんのひのもん［玉御殿の碑の文］〉、その後一五三〇年代に第一回の『おもろさうし』の編纂《へんさん》があり、確認しうる辞令書の発給例もこの時代からである」。

これは、地名にかかわって述べているのであるが、関連して、先にみた足利将軍からの仮名書き文書にも触れ、「一四一四年以前の段階ですでに仮名書きが用いられていた」と推定している。また、「それは未だ一部エリート層の、あるいは日本から渡り来った禅僧《ぜんそう》など、限られた範囲を出ないのでは」とも記している。

なお、田名によれば、漢字表記は、一五〇〇年代に三つの碑文がある。

中世日本と琉球をつなぐ禅僧

中世といわれる時代の日本では、禅宗《ぜんしゅう》の僧侶（禅僧）が外交官のような役割を果たしていた。先に紹介した室町幕府と琉球の交流の橋渡しをしていたのも彼らである。

なお、禅宗とは、中国に生まれた仏教の一派で、それには五つないし七つの系統があるが、日本にはそのうち、栄西《えいさい》が臨済宗《りんざいしゅう》を伝え（一一八七年）、道元《どうげん》が曹洞宗《そうとうしゅう》を伝えた（一二二三年）。また、明《みん》の人・隠元《いんげん》が黄檗宗《おうばくしゅう》を伝えた（一六五四年）。

村井章介《むらいしょうすけ》「一五～一七世紀の日琉関係と五山僧《ござんそう》」（共著『沖縄の歴史と文化―海上の道探究―』一九九四年のうち）は、「日本の中世から近世への移行期、これは琉球の歴史にとっても大きな転換期であった」が、「この移行期にあたって禅僧あるいは禅宗界がどんな役割を果したのか」を話したものである。古い時代のことも含まれているが、島津氏あるいは日本と琉球の関係にかかわることなので、ここで取り上げることにする。

なお、「五山」とは、禅宗で最高の格付けを得ている五つの寺のことで、京都だけでなく鎌倉にも五山があった。また、それに次ぐ格付けの寺を「十刹《じっさつ》」という。「刹」は寺のことである。さらに、その下に「諸山」がある。「山」も寺を表わす。

村井は近著『古琉球　海洋アジアの輝ける王国』（二〇一九年）では、次のように述べている。「『歴代宝案』に対ヤマト文書が見えないことは、対ヤマト外交に久米村の居留華人が関与しなかったことを示す［村井は日本のことをヤマトという］。ではヤマトとの往復文書は、だれが管轄したのだろうか。／京都五山と同様の禅林組織が琉球にも存在し、その頂点に立つ僧録は、ヤマトと同様、国王のブレーンの役割を果たしていた。琉球とヤマトの禅林［禅宗の寺院］間には人事交流があり、琉球僧が京都五山で修行したり、ヤマト僧が琉球の禅寺《ぜんでら》の住持《じゅうじ》［寺の主］に任じたり、という状況がふつうに見られた。文書をふくめヤマトとの外交全般を担当したのが、ヤマト指向の教養集団である琉球の禅僧たちだったことは想像にかたくない」。「古琉球でヤマト文化の導入者として目立つのが、僧侶、とくに禅僧だった」。

村井章介の指摘を、前著で紹介する。

京都生まれの芥隠承琥《かいいんしょうこ》は、琉球の人びとは仏教を受け入れる素地を持っていると聞いて、薩摩を経由して、一四五〇〜五六年に琉球に渡り、「当時の琉球国王の尚泰久《しょうたいきゅう》に認められ、いくつかの禅寺《ぜんでら》を創《はじ》めた」。広厳寺《こうがんじ》・普門寺《ふもんじ》・天龍寺《てんりゅうじ》などである。尚真《しょうしん》王の時代には「円覚寺《えんかくじ》の開山《かいさん》［寺の創始者］になる」。芥隠は一四六六年に「正式の琉球国王の使者」として日本に来た。「日本と琉球との禅宗界」には「密接な人的なつながり」があったのである。

また、自端西堂《じたんせいどう》という禅僧は、「一四六七年と一四七二年の二度にわたって朝鮮に琉球国王の使者として現れた」。これは「偽使《ぎし》」であった（琉球国王の使者ではない）が、朝鮮側は受け入れている。なお、日本では禅僧が「外交官」を務めるが、朝鮮では官僚が務める。村井の近著『古琉球』では、この自端について、「いったん朝鮮をも欺瞞するほどの外交・文筆の技量をもち、日琉間に介在して琉球国王の名義を――真偽を問わず――自在にあやつり、利益をあげていた九州の禅僧＝商人の存在が知られる」としている。

三人目の檀渓全叢《だんけいぜんそう》という禅僧は、薩摩で禅僧になって琉球に渡り、天王寺《てんのうじ》の住職になり、次いで円覚寺の住持になる。彼は一五二七年に、「琉球国の使者」として日本に来ている。「寧波《ニンポー》の乱」が起きた時（一五二三年）、「明《ミン》は寧波で捕えられていた日本の僧侶・妙賀という者を琉球にまず送」って「琉球の国王に話をつけ」、今度は「琉球の国王から日本に檀渓を使者として派遣して、明との復交を画策させる。その結果和与《わよ》［無償で和解すること］」ができて、「今度は日本国王の名前で明に文書が送られる」。その「具体的な担い手」が檀渓であった。彼はまた一五四二年に「球陽円覚寺全叢」（国王の代理人）の名で、「肥後の戦国大名相良氏《さがら》」に宛てて手紙を出している。「相良氏から琉球に商船が渡ることになったことは非常に喜ばしい、という内容」である。

四人目の雪岑津興《せっしんしんこう》という禅僧は、一五七〇年に島津貴久《たかひさ》から琉球に派遣されたが、その「受けた扱いが非常に無礼だったと島津氏が怒って、それが大きなターニングポイントとなって、琉球の薩摩に対する従属化が進む」ことになる。

「以上、四人の禅僧を取り上げて見てきたわけですが、それ以外にも、この当時の薩摩と琉球とでやりとりされた外交文書を見ますと、その大半に禅僧の名前が現れてまいります。それだけ重要な役割を禅僧が外交官として果たしていたということがわかるわけであります」。

また、董典蔵《とうてんぞう》という人は、日本人禅僧でありながら、琉球に渡って一〇年も商人として儲《もう》けたらしい。「それとは逆に、琉球の僧侶が日本に遊学するということも頻繁に行われる」。例えば、「鶴翁智仙《かくおうちせん》という琉球出身の禅僧」がいて、檀渓全叢とともに日本に来て、「東福寺《とうふくじ》［京都の臨済宗東福寺派の大本山］と足利学校《あしかががっこう》［中世の足利にあった高等教育機関］の間を行ったり来たりしながら修行を重ねること一〇年、ようやく琉球に帰ることになった」。つまり、「日本の禅宗界と琉球の禅宗界とが密接な関係を結」んでいたが、「日本の禅宗界、五山と申しますが、五山の世界の一部に琉球の禅宗界が包摂《ほうせつ》される形ではないかと思うのです」。言いかえれば、「琉球の禅宗界というのは実は京都を中心とする日本の五山の一部に位置づけられていた」のである。

以上が、村井の一九九四年報告の概要である。

そして、近著『古琉球』では、次のように踏み込んでいる。「古琉球期の梵鐘《ぼんしょう》は佚亡［いつぼうカ］をふくめ二二点が知られているが、尚泰久王代の一四五六～五九年に一八点が集中している。その銘のすべてが渓隠安潜の撰《せん》になり、〈万国津梁鐘〉以外の一七点の銘は、鐘が設置された施設および造立《ぞうりゅう》関係者の固有名詞をのぞいて、ほぼ同文だ。……一八点にあらわれる鋳物師《いもじ》は藤原国吉（国義、国善とも）・同国光のふたり、ともに北九州に出自する鋳物師だ。これらの鐘は、王権周辺のヤマト系仏教信仰圏という狭い世界のなかで、短期間だけ盛行した文化の所産で、琉球の風土にさほど根づいたものではなかった。〈万国津梁鐘〉をより深く理解するには、こうした観点も忘れてはなるまい」。

この時期に仏教寺院が多く建てられ、梵鐘も多く作られたが、そのことで琉球にも仏教が浸透したとすることはできないという指摘である。

「尚泰久代には〈万国津梁鐘〉をはじめ梵鐘の鋳造《ちゅうぞう》、鐘銘《しょうめい》の作成があいついだ。それらはことごとく和鐘であり、銘文に見える大工もヤマトの鋳物師だった」。「日琉間の外交はほとんど禅僧によって担われていた。しかし注意すべきは、僧録など琉球の禅林制度はヤマトの模倣にすぎず、琉球禅林を牛耳《ぎゅうじ》っていたヤマトからの渡海僧は、琉球国王の臣下であると同時に、あるいはそれ以上に、京都五山の一員だった。この組織的・人的ネットワークを通じて、ヤマトの宗教的・文化的・政治的影響が琉球におよんだ」。

日琉間の外交を担ったのはヤマトの禅僧たちであったが、そのことを通じて、琉球はヤマトの影響をうけていたのである。

室町時代の日本社会

もともと全国各地をしっかり支配できていなかった室町幕府は、すでに「守護《しゅご》」がそれぞれの地域を支配していて、その寄せ集めのようなものであった。またこのころから、それまで認められていなかった「守護の世襲《せしゅう》」（自分の子に継ぐ）が普通になっていく。となれば、その担当地域はその守護の領地のように固定されることになる。「守護大名」の誕生である。

鎌倉時代には、地頭や荘官クラスの武士は、鎌倉や京都などの都市にいることが多かったが、南北朝時代には、領地経営のためにその土地に住みつくようになって、「国人《こくじん》」と呼ばれた。守護は、このような国人を組織して、自らの被官《ひかん》（家臣）にしていく。このようにして、守護は権力を拡大し、強大になっていくのである。

しかし、国人たちはなかなか守護の支配に従わずに、いろいろと抵抗した。国人たちもまた、近くの土豪《どごう》、地侍《じざむらい》、名主《みょうしゅ》などを被官に組み込んで、しだいに地域の支配者としての基盤を固めていったのである。つまり、守護・国人・土豪・地侍・名主のそれぞれが、相互につながり、また、対抗し合うのである。

この時代には、荘園領主（京にいる天皇・摂関家・貴族・寺社など）は、その荘園を武士たちに侵食されていき、窮乏化していった。

上級貴族の間、寺社の間で、内紛が起こる。すると、その解決のために武士を利用する。武力の衝突となれば、武士の活躍の場である。一方、荘園の日頃の管理も、武士たち（かれらは下司《げし》とか公文《くもん》とかといわれた）に委ねていた。それはしだいに、その地域の支配者になっていく。武士たちは、荘園の内部にいながら、荘園を侵食し始めているのである。

また、朝廷や寺社などの荘園領主にとっては、戦乱が続き、武士によって兵粮《ひょうろう》（戦時での兵士たちの食糧）がたびたび徴収されることは、自らの収入が減少することを意味していた。朝廷は窮乏化して、自らの主催する行事や仏神事の費用をまかなうことができなくなり、幕府に負担してもらうことが多くなっていく。ついには朝廷行事の「進め方」まで幕府が決定するようになっていく。上級貴族も同様であった。中下級貴族の収入減はいっそうひどかった。彼らの多くは京都を出て、地方の所領に移っていった。

戦国時代、そして琉球／沖縄

戦国時代は、室町時代の後半、一五世紀の半ばから一六世紀いっぱい（関ケ原《せきがはら》の戦い）まで続いた。一七世紀初め（大坂の陣）までとする意見もある。それは、今みたような社会状況を背景に持っている。戦乱の起こる要因は、いつでもどこにでもあったのである。

直接のきっかけは、足利将軍家や、管領を務める畠山《はたけやま》・斯波《しば》両家の相続問題のこじれであった。応仁《おうにん》元（一四六七）年から文明《ぶんめい》九（一四七七）年まで続いたので、「応仁・文明の乱」という。京都が主な戦場となった。また、鎌倉を中心とする関東でも、戦乱が続いた。

この時代に、日本の社会は次のような変化をとげた。勝俣鎮夫《かつまたしずお》の議論（共著『日本通史・第10巻・中世4』のうち、一九九四年）を軸に見ていく。また、その一つ一つについて、沖縄はそれとは異なる、ということを併せて見ていく。

民衆が歴史を動かしはじめた。まず、百姓のレベルで「イエ（家）」ができあがってきた。天皇や上級貴族や武士たちのイエは、平安時代からでき始めていたが、これがこの時代に百姓のレベルにまで広がっていったのである。

このようなイエは、日本社会に独特のものである。それは、家産（家の財産）を基礎に、家業（家の職業）が成り立っているので、その家産や家業を次の世代にも引きつづき守っていく、守らせていくための、あり方を指している。自分たちの先祖を祀《まつ》ること、家産を分割しないでより増加させること、そのために家族の構成も柔軟に処理する。たとえば、商家などでは、男子がいない場合や、自分の息子に能力がないとみれば、娘に婿養子《むこようし》をとって補う。血筋よりもイエが大切にされるのである。

ところが、琉球ではこのようなイエは成立しなかった。「家族」「家庭」はもちろんあるが、それが「日本的なイエ」とは性格が異なっているのである。家産や家業を第一に考えるのではなく、男系の血筋を大事にし、先祖の祀《まつ》りごとを第一に考えるのが、沖縄である。「トートーメー慣行」がそれを示している。「トートーメー」は「尊い人」（亡くなった先祖）のことで、それが象徴されている位牌《いはい》（イーフェー）を、どのように継承するかについての慣行を「トートーメー慣行」という。これはイエではない。イエは、経営（たとえば農業経営）が自立していることを前提に成立するものであるが、琉球ではその「自立」がなかったのである。

日本では、イエが集まって「ムラ（村）」ができていく。それは、地域住民が、それぞれ力を合わせて、下からつくっていくのである。それを「惣《そう》」といい、「惣村」という。自己規律の規約を持った村である。

戦国時代は戦乱の続く時代であるから、その中で生き抜くには大変な苦労がいる。いきなり外から軍隊がやってきて、目の前で戦闘を始めることもあり、田畑が荒らされる。食料が調達される。人びとはこれらのことから防衛するための工夫をこらした。時には自分たちも武力をつかうこともある。そこで、人びとはイエとイエどうしで、互いを尊重しながら、協力しあって守りあうなかで、ムラや「チョウ（町）」を、自分たちでつくっていったのである。そこで団結を固め、規約を定め、自分たちの支配者（領主）に認めさせる。もちろん、支配者たちもそれを丸ごと認めるとは限らないが、いわば譲り合って、協定を結んでいくのである。

このようなことを「一揆」という。一揆とは、「揆《き》を一《いつ》にする」（行き方を同じにする）ということである。単なる「抗議活動」「暴動」をいうのではない。結果としてそのようなことになる場合が多いが、その行動だけを一揆というのではない。人びとが「村」「町」を作り、皆で話し合ってルールを決めていく、そのことをいうのである。一揆といえば「百姓一揆」を思い浮かべる人が多いだろうが、一揆は百姓同士だけで結ばれるものではない。それ以外にも、戦国大名同士、地域の下級権力同士でも、さらにそれらを上下につなぐ中でも結ばれる。この時代は「一揆の時代」だった。

琉球・沖縄について見る。琉球のムラ（村）は下からできてきたのではない。またその性格も、日本のそれとは異なったものだったのである。自分たちが団結して外に当たるという力が育たなかった。一揆が結ばれないのである。

沖縄史には百姓一揆がないといわれる。それは「抗議活動」の意味でいわれているが、より本質的には、その前提となる「揆を一にする」同盟がなかったことをみなければならない。したがって、一揆破りに対する「村八分」（仲間外《はず》し）もないのである。

玉城哲《たまきあきら》『水紀行』（一九八一年）は、日本社会を「水社会」だといい、それは「少ない水資源の配分をめぐって、社会的緊張がたかまり、しかもそれがいつも持続している社会のこと」

で、「その緊張関係の持続が社会の構造に独特の様式をあたえ、かつ人びとに内面化され、かれらの意識と行動を規定するほどの規範性をつくりだすモメントになった」、また、この緊張関係は、外に対する排他性と内に対する団結を生み出す、と説明している。そして沖縄についていう。沖縄は「水社会ではないのではないか」「この一点で、沖縄が本土とおそろしく異質であるように思えて仕方がない」と述べている。そのとおりであろう。

年貢《ねんぐ》（や諸役）の納入は、村が責任をもって引き受ける。「村請《むらうけ》」（村が請け負う）である。村は年貢の納入額を、豊凶《ほうきょう》に関係なく固定してもらい、村のリーダーが村の住民から徴収して、上納する。そのこととともに、それまで領主の任務とされていた「勧農《かんのう》」（農事支援）も村がになうようになる。この仕組みは、人びとの勤労意欲をかき立て、生産力の増進につながり、余剰を蓄積することを可能にしていった。

また、以前の村は、その支配者（領主）が、天皇家・上級貴族・寺社・武士と、さまざまであるだけでなく、これらの「領地」がまた入り組んでいて、地域としてのまとまりのない所が多かった。ところが、この時代の村は、一つの地域が山野も耕地も居住空間も、一体として「村」とされ、その境界を隣接した村と分け合っていく。もちろん紛争も起きるが、その解決方法も工夫されていく。

戦国時代はまた、原始社会から続いていた、自然の中の、自然に支配された「野生の時代」

といってもいい時代から抜け出して、その自然から人間の生活・社会をしだいに分離独立させつつあった、いわば「文明の時代」に変わっていった時代でもあった。宗教の力も後退した。

そして、今日、「日本の伝統文化」とされている芸能（能《のう》・狂言《きょうげん》）・連歌《れんが》・俳句《はいく》・茶の湯《ちゃのゆ》（茶道《さどう》）・立花《りっか》（生け花）など、多くのものがこの時代に形をととのえて姿をあらわした。

戦国時代はまた「技術革新の時代」であり、貨幣経済が発達し、計算能力が高められ、文字が村や町にまで普及していった時代であった。国家組織や社会組織がそれ以前よりずっとしっかりしたものになっていった。文字が普及していなければ、惣村も一揆も成り立たない。そして、このようなことが、江戸時代を通じてさらに進化していくのである。

この時代に「日本文化」が生まれたとされ、茶の湯などは琉球にも、主として上層階級のあいだには広まったが、琉球ではそのような「日本文化」とは異なった文化、「琉球文化」がむしろ主流になった。三線《サンシン》と、それをバックにした歌、踊り、組踊《くみおどり》である。時代としては、一七世紀以降になるが。

それに、琉球では、貨幣は近代に至るまであまり流通しなかった。道端に莚《むしろ》を広げ、籠にモノを入れて一時的に開く「売り場」はあったが、固定した建物で商う「商店」は生まれなかった。域外との商業は薩摩の商人にほぼ握られ、琉球の商人がしだいに育つということもなかった。文字の習得と使用は役人にほぼ限られ、農村ではそれらの役人と交流のある者たち、すなわち「地方《じかた》役人」やその子たちに限られた。

地域国家の誕生と琉球王国

戦国時代はまた、国家を下からつくっていった時代であった。まずできた国家は、戦国大名のもとで、それぞれの地域に成立した。これを「地域国家」という。尾張《おわり》の織田《おだ》氏、甲斐《かい》・信濃《しなの》の武田《たけだ》氏、越後《えちご》の上杉《うえすぎ》氏、関東の北条《ほうじょう》氏、中国の毛利《もうり》氏、四国の長曽我部《ちょうそかべ》氏、南九州の島津《しまづ》氏などがつくった国である。この段階で、それぞれの地域のまとまりが生まれる。つまり、ムラ（村）やチョウ（町）が下からつくられていく流れと対応して、一つの地域に一つの支配者（領主）が残されていくのである。下からつくられていったムラやチョウは、この地域国家の構成単位となる。

日本では今も、かつての戦国大名を讃え、親しみをもって語ることが少なくないのであるが、それは、自分たちがともにつくった「国家」の盟主であるという感覚がそうさせるのだと考えられる。

日本では「地域国家」ができたが、それは「武家国家」であった。「琉球王国」はそのような「地域国家」「武家国家」とはまったく異なるものである。地域国家はさらに大きく統合されて「日本国」ができていったが、ここで誕生した日本国に琉球はしっかりとは含まれていない。

琉球王国は、ずっと後まで「中国を中心とする華夷《かい》［中華と四夷《しい》］秩序」の中にあった。日本はこの秩序の外にとどまった。

しかし日本では、この地域国家が、それぞれに小さくまとまっている時代は長くは続かない。それを突き破っていく力として働いたのは「経済」であろうと思われる。経済は国境を突きくずす力を持っている。

中世の後半から「畿内を中心した中央地帯」での経済発展があった。農業生産の向上と、手工業生産の発達が、中央と結びつき、また海外貿易とも結びついていく。地方でも、限られた範囲であるとはいえ「市場《いちば》」が成立していて、その地方市場に現われた物資は中央に集まってくる。そのような物資の流通は、陸上・河川・海上の交通網の発達を促していったが、そのことは、とりあえずは地域国家内で進む。しかし、その性質上、それぞれの地域国家内で完結はできない。隣りの国との関係が、また中央との関係が断たれては、その発展はないのである。このような経済の力が、経済法則が、地域的な孤立化を許さなかったのである。

また、「権力」の問題もある。この時代はそれぞれの地域に、「中間的な権力」が存在していた。地域国家とはいっても、まだ領内の権力を一本化できてはいなかったのである。国の領主は、多くの中間的な、中小の領主を従えてはいても、かれらはそれなりに自立していて、それとの一定の妥協を余儀なくさせられている。地域国家内に限っても、その権力は確立していたとはいえないのである。

そして、信長・秀吉・家康に代表される武力によって、「日本」として統一されていった。この統一日本は、中国（明）を中心とした「華夷秩序」には加わらずに「独立」していて、宗教への依存を脱して、宗教勢力をも屈服させて、武力によって組織された国家であった。

勝俣鎮夫《かつまたしずお》はいう。「その後の日本ができたのは戦国時代である」と。つまり、この戦国時代をくぐり抜けることによって、その過程で、日本という社会が大きく変化し、その構造がその後も長く続くというのである（戦後の、一九六〇年代の高度成長期まで）。

日本と沖縄の差異

このように、日本と沖縄の差異は、もともとあったのであるが、この戦国時代を契機にはっきりと表われていたし、次の「近世」にいっそう拡大していくのであり、のちに同一の国の中に含まれるようになっても、この差異は解消しなかった。

たとえば、行政区域として「日本」に組み込まれた、明治初年のいわゆる「琉球処分」によっても、また、第二次世界大戦（アジア・太平洋戦争／沖縄戦）ののち、二七年間におよぶアメリカ軍の占領支配を経て、一九七二年に「日本」に復帰したあとも、その社会のあり方、その人びとのものの感じ方・考え方が異なるために、さまざまな問題・対立・矛盾を引き起こし続けてきた、このような沖縄について理解することが、なんとしても必要なのである。

沖縄史は日本史とは別の、一種の外国史であるといわれる。そのとおりである。国としても別の国だったわけであるから。しかし、だからといって、沖縄史を日本史と切り離してみていってもいいわけはない。日本史との対比は沖縄史の認識にとって不可欠である。

大事なことは、次のことであろう。沖縄の社会のあり方や、人びとのものの感じ方・考え方が、日本のそれとは異なっていて、なかなか同一にはなれないということを、しっかり見つめることの必要である。そのうえで、その差異のゆえに対立し分離していくのではなく、その差異を互いに認め合ったうえで、連帯していくべきであろう。

おわりに

本書は、二〇一八年一月から二〇二〇年三月まで、『琉球新報』紙に連載したもの（全一三話）のうちの一〇話に、若干の整理を加えてつくったものである。もっとも、新聞では、毎回（全八一回）図表や写真が添えられていたが、そのほとんどは省き、ごく限られたものだけを収録した。「はじめに」の前半も、新聞掲載のとおりである。

その新聞連載を終えるとき、記者（古堅一樹《ふるげんかずき》氏）の質問に答えたものを、次に掲げる。「予断持たず、事実追究を」という見出しがついている。

――本連載で伝えたかった事は何か。

「私は歴史家ではないが、専門分野の経済の視点から歴史には関心を持ち続けていた。沖縄の歴史が経済抜きで語られることが納得できず、経済を意識した沖縄の歴史をまとめたいと思った。沖縄の歴史研究には大きな欠点があったことがはっきりしたと思う」

――欠点とは。

「経済を全然意識しないで書かれている。人々の暮らしがどういうものだったかを抜きにしては大事な部分が抜け落ちるのではないか。『琉球に貿易はあった』と歴史家は言う。しかし、対外交易と沖縄の内部社会との関連が描かれていない。それでは表面をなでるようなものだ」

――歴史を研究し勉強する上で何が大切か。

「私の議論は沖縄の弱さ、遅れをかき立てていると読む人が多いと思う。違う。事実はどうだったのかという追究の中で遅れや弱さをあぶりだしてしまったということだ。私は沖縄を愛している。しかし、弱さを含めて沖縄の事実に即して理解し、愛する。沖縄を好きだから、良いところだけ見るというやり方は私にはできない。予断を持って歴史を見てはいない」

――従来の歴史研究者の論考に疑問も示した。

「批判するからには反論がほしいが、反論という形では全然来ていない。学問上の批判は人の批判や人格の否定ではない。真実にいかにして近づくかという営みだ。論争なくして、学問の発展はない」

――歴史を学ぶ若い世代に伝えたい事は。

「この連載は、高校生にも分かるようにとスタートした。かなりの部分で言葉の説明も加え、分かりやすく書くことができたと思う。つい込み入った議論を入れてしまった部分があるので、分かりやすさという点では一貫してなかったという反省はある。私の意見に賛成か反対かは別として、こういう考えもあるということで一石を投じたつもりだ。今は歴史を勉強できる環境が整っている。勉強する人が増えてほしい」

今、世界中が新型コロナの流行で、困難に直面している。日本全体がなお、その中から脱出できずもがいている。沖縄県は特に感染者数の比率が最も高い。いずれにせよ、このコロナの打撃は、今後の世界・日本・沖縄の「あり方」に大きな影響を与えることになろう。

このような中で、この本は企画され、出版される。

日本経済評論社の柿崎均社長と、担当された清達二さんには、今回も大変お世話になった。記してお礼の言葉としたい。

残した三話を含め、次は「琉球近世」を論じたい。

二〇二一年六月

著者紹介

来《くり》間《ま》泰《やす》男《お》

1941年那覇市生まれ。宇都宮大学農学部、同大学院農学研究科（農業経済学専攻）出。1970-2010年沖縄国際大学、現在は名誉教授。主な著書、『沖縄の農業（歴史のなかで考える）』（日本経済評論社）、『沖縄県農林水産行政史 第1・2巻』（農林統計協会、九州農業経済学会学術賞を受賞）、『沖縄経済の幻想と現実』（日本経済評論社、伊波普猷賞を受賞）、日本経済評論社から「シリーズ沖縄史を読み解く」（全5巻・9冊）を刊行。

琉球王国の成立と展開
よくわかる沖縄の歴史

2021年7月15日　第1刷発行

定価（本体2000円＋税）

著　者　来　間　泰　男
発行者　柿　﨑　　　均

発行所　株式会社 日本経済評論社
〒101-0062　東京都千代田区神田駿河台1-7-7
電話03-5577-7286　FAX03-5577-2803
E-mail: info8188@nikkeihyo.co.jp
組版・印刷・製本・装幀＊閏月社

乱丁本・落丁本はお取替えいたします　Printed in Japan

ISBN 978-4-8188-2593-2 C0021